科学家学术成长资料采集工程
中国工程院院士传记丛书

铸造国防『千里眼』

毛二可传

姚文莉 任丽香 马 丽 张永宁 ◎著

中国科学技术出版社
·北 京·

图书在版编目（CIP）数据

锻造国防"千里眼"：毛二可传 / 姚文莉等著 . ——
北京：中国科学技术出版社，2023.1（2024.7 重印）

（老科学家学术成长资料采集工程丛书 . 中国工程院
院士传记丛书）

ISBN 978-7-5046-9758-5

Ⅰ.①锻…　Ⅱ.①姚…　Ⅲ.①毛二可 – 传记　Ⅳ.① K826.16

中国版本图书馆 CIP 数据核字（2022）第 227497 号

责任编辑	李双北	
责任校对	吕传新	
责任印制	徐　飞	
版式设计	中文天地	

出　　版	中国科学技术出版社	
发　　行	中国科学技术出版社有限公司	
地　　址	北京市海淀区中关村南大街 16 号	
邮　　编	100081	
发行电话	010-62173865	
传　　真	010-62173081	
网　　址	http://www.cspbooks.com.cn	

开　　本	787mm×1092mm　1/16	
字　　数	229 千字	
印　　张	15.25	
彩　　插	2	
版　　次	2023 年 1 月第 1 版	
印　　次	2024 年 7 月第 2 次印刷	
印　　刷	德富泰（唐山）印务有限公司	
书　　号	ISBN 978-7-5046-9758-5/K·344	
定　　价	85.00 元	

老科学家学术成长资料采集工程
领导小组专家委员会

主　任：韩启德

委　员：（以姓氏拼音为序）

陈佳洱　　方　新　　傅志寰　　李静海　　刘　旭

齐　让　　王礼恒　　徐延豪　　赵沁平

老科学家学术成长资料采集工程
丛书组织机构

特邀顾问（以姓氏拼音为序）

樊洪业　　方　新　　谢克昌

编委会

主　编：老科学家学术成长资料采集工程领导小组办公室

编　委：（以姓氏拼音为序）

定宜庄　　董庆九　　郭　哲　　胡化凯　　胡宗刚

刘晓堪　　吕瑞花　　潘晓山　　秦德继　　申金升

王扬宗　　吴善超　　熊卫民　　姚　力　　张大庆

张　剑　　张　藜　　周德进

编委会办公室

主　任：孟令耘　　杨志宏

副主任：宋维嘉　　韩　颖

成　员：（以姓氏拼音为序）

高文静　　李　梅　　刘如溪　　罗兴波　　马　丽

王传超　　余　君　　张佳静

老科学家学术成长资料采集工程简介

  老科学家学术成长资料采集工程（以下简称"采集工程"）是根据国务院领导同志的指示精神，由国家科教领导小组于 2010 年正式启动，中国科协牵头，联合中组部、教育部、科技部、工信部、财政部、文化部、国资委、解放军总政治部、中国科学院、中国工程院、国家自然科学基金委员会等 11 部委共同实施的一项抢救性工程，旨在通过实物采集、口述访谈、录音录像等方法，把反映老科学家学术成长历程的关键事件、重要节点、师承关系等各方面的资料保存下来，为深入研究科技人才成长规律，宣传优秀科技人物提供第一手资料和原始素材。

  采集工程是一项开创性工作。为确保采集工作规范科学，启动之初即成立了由中国科协主要领导任组长、12 个部委分管领导任成员的领导小组，负责采集工程的宏观指导和重要政策措施制定，同时成立领导小组专家委员会负责采集原则确定、采集名单审定和学术咨询，委托科学史学者承担学术指导与组织工作，建立专门的馆藏基地确保采集资料的永久性收藏和提供使用，并研究制定了《采集工作流程》《采集工作规范》等一系列基础文件，作为采集人员的工作指南。截至 2021 年 8 月，采集工程已启动 592 位科学家的学术成长资料采集项目，获得实物原件资料 132922 件、数字化资料 318092 件、视频资料 443783 分钟、音频资料 527093 分钟，具有重要的史料价值。

采集工程的成果目前主要有三种体现形式，一是建设"中国科学家博物馆网络版"，提供学术研究和弘扬科学精神、宣传科学家之用；二是编辑制作科学家专题资料片系列，以视频形式播出；三是研究撰写客观反映老科学家学术成长经历的研究报告，以学术传记的形式，与中国科学院、中国工程院联合出版。随着采集工程的不断拓展和深入，将有更多形式的采集成果问世，为社会公众了解老科学家的感人事迹，探索科技人才成长规律，研究中国科技事业的发展历程提供客观翔实的史料支撑。

总序一

中国科学技术协会主席　韩启德

老科学家是共和国建设的重要参与者，也是新中国科技发展历史的亲历者和见证者，他们的学术成长历程生动反映了近现代中国科技事业与科技教育的进展，本身就是新中国科技发展历史的重要组成部分。针对近年来老科学家相继辞世、学术成长资料大量散失的突出问题，中国科协于2009年向国务院提出抢救老科学家学术成长资料的建议，受到国务院领导同志的高度重视和充分肯定，并明确责成中国科协牵头，联合相关部门共同组织实施。根据国务院批复的《老科学家学术成长资料采集工程实施方案》，中国科协联合中组部、教育部、科技部、工业和信息化部、财政部、文化部、国资委、解放军总政治部、中国科学院、中国工程院、国家自然科学基金委员会等11部委共同组成领导小组，从2010年开始组织实施老科学家学术成长资料采集工程。

老科学家学术成长资料采集是一项系统工程，通过文献与口述资料的搜集和整理、录音录像、实物采集等形式，把反映老科学家求学历程、师承关系、科研活动、学术成就等学术成长中关键节点和重要事件的口述资料、实物资料和音像资料完整系统地保存下来，对于充实新中国科技发展的历史文献，理清我国科技界学术传承脉络，探索我国科技发展规律和科技人才成长规律，弘扬我国科技工作者求真务实、无私奉献的精神，在全社会营造爱科学、学科学、用科学的良好氛围，是一件很有意义的事情。采集工程把重点放在年龄在 80 岁以上、学术成长经历丰富的两院院士，以及虽然不是两院院士、但在我国科技事业发展中作出突出贡献的老科技工作者，充分体现了党和国家对老科学家的关心和爱护。

自 2010 年启动实施以来，采集工程以对历史负责、对国家负责、对科技事业负责的精神，开展了一系列工作，获得大量反映老科学家学术成长历程的文字资料、实物资料和音视频资料，其中有一些资料具有很高的史料价值和学术价值，弥足珍贵。

以传记丛书的形式把采集工程的成果展现给社会公众，是采集工程的目标之一，也是社会各界的共同期待。在我看来，这些传记丛书大都是在充分挖掘档案和书信等各种文献资料、与口述访谈相互印证校核、严密考证的基础之上形成的，内中还有许多很有价值的照片、手稿影印件等珍贵图片，基本做到了图文并茂，语言生动，既体现了历史的鲜活，又立体化地刻画了人物，较好地实现了真实性、专业性、可读性的有机统一。通过这套传记丛书，学者能够获得更加丰富扎实的文献依据，公众能够更加系统深入地了解老一辈科学家的成就、贡献、经历和品格，青少年可以更真实地了解科学家、了解科技活动，进而充分激发对科学家职业的浓厚兴趣。

借此机会，向所有接受采集的老科学家及其亲属朋友，向参与采集工程的工作人员和单位，表示衷心感谢。真诚希望这套丛书能够得到学术界的认可和读者的喜爱，希望采集工程能够得到更广泛的关注和支持。我期待并相信，随着时间的流逝，采集工程的成果将以更加丰富多样的形式呈现给社会公众，采集工程的意义也将越来越彰显于天下。

是为序。

总序二

中国科学院院长　白春礼

　　由国家科教领导小组直接启动，中国科学技术协会和中国科学院等 12 个部门和单位共同组织实施的老科学家学术成长资料采集工程，是国务院交办的一项重要任务，也是中国科技界的一件大事。值此采集工程传记丛书出版之际，我向采集工程的顺利实施表示热烈祝贺，向参与采集工程的老科学家和工作人员表示衷心感谢！

　　按照国务院批准实施的《老科学家学术成长资料采集工程实施方案》，开展这一工作的主要目的就是要通过录音录像、实物采集等多种方式，把反映老科学家学术成长历史的重要资料保存下来，丰富新中国科技发展的历史资料，推动形成新中国的学术传统，激发科技工作者的创新热情和创造活力，在全社会营造爱科学、学科学、用科学的良好氛围。通过实施采集工程，系统搜集、整理反映这些老科学家学术成长历程的关键事件、重要节点、学术传承关系等的各类文献、实物和音视频资料，并结合不同时期的社会发展和国际相关学科领域的发展背景加以梳理和研究，不仅有利于深入了解新中国科学发展的进程特别是老科学家所在学科的发展脉络，而且有利于发现老科学家成长成才中的关键人物、关键事件、关键因素，探索和把握高层次人才培养规律和创新人才成长规律，更有利于理清我国科技界学术传承脉络，深入了解我国科学传统的形成过程，在全社会范围内宣传弘扬老科学家的科学思想、卓越贡献和高尚品质，推动社会主义科学文化和创新文化建设。从这个意义上说，采集工程不仅是一项文化工程，更是一项严肃认真的学术建设工作。

中国科学院是科技事业的国家队，也是凝聚和团结广大院士的大家庭。早在 1955 年，中国科学院选举产生了第一批学部委员，1993 年国务院决定中国科学院学部委员改称中国科学院院士。半个多世纪以来，从学部委员到院士，经历了一个艰难的制度化进程，在我国科学事业发展史上书写了浓墨重彩的一笔。在目前已接受采集的老科学家中，有很大一部分即是上个世纪 80、90 年代当选的中国科学院学部委员、院士，其中既有学科领域的奠基人和开拓者，也有作出过重大科学成就的著名科学家，更有毕生在专门学科领域默默耕耘的一流学者。作为声誉卓著的学术带头人，他们以发展科技、服务国家、造福人民为己任，求真务实、开拓创新，为我国经济建设、社会发展、科技进步和国家安全作出了重要贡献；作为杰出的科学教育家，他们着力培养、大力提携青年人才，在弘扬科学精神、倡树科学理念方面书写了可歌可泣的光辉篇章。他们的学术成就和成长经历既是新中国科技发展的一个缩影，也是国家和社会的宝贵财富。通过采集工程为老科学家树碑立传，不仅对老科学家们的成就和贡献是一份肯定和安慰，也使我们多年的夙愿得偿！

鲁迅说过，"跨过那站着的前人"。过去的辉煌历史是老一辈科学家铸就的，新的历史篇章需要我们来谱写。衷心希望广大科技工作者能够通过"采集工程"的这套老科学家传记丛书和院士丛书等类似著作，深入具体地了解和学习老一辈科学家学术成长历程中的感人事迹和优秀品质；继承和弘扬老一辈科学家求真务实、勇于创新的科学精神，不畏艰险、勇攀高峰的探索精神，团结协作、淡泊名利的团队精神，报效祖国、服务社会的奉献精神，在推动科技发展和创新型国家建设的广阔道路上取得更辉煌的成绩。

总序三

中国工程院院长　周　济

　　由中国科协联合相关部门共同组织实施的老科学家学术成长资料采集工程，是一项经国务院批准开展的弘扬老一辈科技专家崇高精神、加强科学道德建设的重要工作，也是我国科技界的共同责任。中国工程院作为采集工程领导小组的成员单位，能够直接参与此项工作，深感责任重大、意义非凡。

　　在新的历史时期，科学技术作为第一生产力，已经日益成为经济社会发展的主要驱动力。科技工作者作为先进生产力的开拓者和先进文化的传播者，在推动科学技术进步和科技事业发展方面发挥着关键的决定的作用。

　　新中国成立以来，特别是改革开放30多年来，我们国家的工程科技取得了伟大的历史性成就，为祖国的现代化事业作出了巨大的历史性贡献。两弹一星、三峡工程、高速铁路、载人航天、杂交水稻、载人深潜、超级计算机……一项项重大工程为社会主义事业的蓬勃发展和祖国富强书写了浓墨重彩的篇章。

　　这些伟大的重大工程成就，凝聚和倾注了以钱学森、朱光亚、周光召、侯祥麟、袁隆平等为代表的一代又一代科技专家们的心血和智慧。他们克服重重困难，攻克无数技术难关，潜心开展科技研究，致力推动创新发展，为实现我国工程科技水平大幅提升和国家综合实力显著增强作出了杰出贡献。他们热爱祖国，忠于人民，自觉把个人事业融入到国家建设大局之中，为实现国家富强而不断奋斗；他们求真务实，勇于创新，用科技为中华民族的伟大复兴铸就了辉煌；他们治学严谨，鞠躬尽瘁，具有崇高的科学精神和科学道德，是我们后代学习的楷模。科学家们的一生是一本珍贵的教科书，他们坚定的理想信念和淡泊名利的崇高品格是中华民族自强不息精神的宝贵财富，永远值得后人铭记和敬仰。

通过实施采集工程，把反映老科学家学术成长经历的重要文字资料、实物资料和音像资料保存下来，把他们卓越的技术成就和可贵的精神品质记录下来，并编辑出版他们的学术传记，对于进一步宣传他们为我国科技发展和民族进步作出的不朽功勋，引导青年科技工作者学习继承他们的可贵精神和优秀品质，不断攀登世界科技高峰，推动在全社会弘扬科学精神，营造爱科学、讲科学、学科学、用科学的良好氛围，无疑有着十分重要的意义。

中国工程院是我国工程科技界的最高荣誉性、咨询性学术机构，集中了一大批成就卓著、德高望重的老科技专家。以各种形式把他们的学术成长经历留存下来，为后人提供启迪，为社会提供借鉴，为共和国的科技发展留下一份珍贵资料。这是我们的愿望和责任，也是科技界和全社会的共同期待。

毛二可

2017 年 5 月，采集小组对毛二可进行访谈

2017 年 9 月，采集小组与毛二可及其家属参观采集工程馆藏基地

序 一

  毛二可院士是我的恩师,我从 1989 年考入北京理工大学攻读硕士研究生,就投身毛老师门下,至今已经 33 年。

  刚刚进入毛老师领导的雷达技术研究所团队,就听说并亲眼见证了毛老师的工作时间表:已经过了 55 周岁的毛老师,每天早上 8 点到 12 点、下午 2 点到 6 点、晚上 8 点到 10 点半都在工作,除了周六晚上,一周从不间断,包括元旦和大年初一。这种纯粹的生活方式触动并改变了很多年轻人的人生观,这应该是毛老师带过的研究生里产生多位院士的最重要原因。

  几十年追随毛老师学习、工作,他为学、为师、做事、做人,都是我永远学习的榜样。

  毛老师为学,最大的特点是"实"和"创"。他从来不跟风,始终坚守新体制雷达与实时信息处理研究领域,从国家需求出发,确定研究选题。他有非常强烈的创新意识,从雷达的基本原理出发,自主提出全新的雷达体制,结合最新的信息处理技术和方法来解决难题。这种学风,形成了北京理工大学的雷达风格,取得了多项重大研究成果。

  毛老师为师,最大的特点是"严"和"慈"。一方面,他对学生的学术要求非常严格,"板凳要坐十年冷,文章不写半句空";另一方面,他对学生的成长又充满了关怀和厚爱。20 世纪 90 年代中期，在高校教师的薪酬待遇不到外企十分之一的艰难情况下，毛老师就是凭着自己的人格力量，留住了我们几位师兄弟，也为日后学校雷达事业的发展壮大留下了星星之火。

毛老师做事，最大的特点是"韧"和"闯"。二十年前，关于高校基层科研单位的发展模式，也曾有过各种不同意见，但毛老师始终坚持大团队的管理模式，坚持团队的平台、人事、财务要统一管理，为北京理工大学雷达事业的后续发展奠定了组织基础。十多年前，随着学校雷达事业不断发展壮大，学校人力、用房等资源瓶颈日益凸显；在学校党委的支持下，毛老师毅然以 75 岁高龄开始创业，带领团队成立北京理工雷科电子信息技术有限公司，成为中关村实行股权激励政策的首家企业，并于五年后上市，开创了产学研协同创新的"北理模式"。

毛老师做人，最大的特点是"谦"和"平"。毛老师待人，永远是谦谦君子，身为国家雷达领域的学术泰斗，他平等地和每一位学生交流，认真听取学生的意见。对待个人生活，他从无要求，"择高处立，寻平处住，向宽处行"。在北京理工大学 80 周年校庆之际，他带领当年创办理工雷科公司的科研团队，捐献了学校奖励给团队的近亿元股权。

这就是我一生永远尊崇的恩师毛二可先生，是他把我从一个懵懂少年带入雷达研究和高等教育的殿堂。每一次想到他，我都会想起北宋范仲淹对东汉初年著名隐士严子陵的评价："云山苍苍，江水泱泱，先生之风，山高水长！"

①

2022 年 5 月

---

① 龙腾，北京理工大学校长，中国工程院院士，信息与通信工程学科教授、博士生导师。1989 年考取北京理工大学电子工程系研究生，先后获得硕士、博士学位。毕业后留校任教，历任北京理工大学雷达技术研究所所长、北京理工大学信息与电子学院院长、北京理工大学常务副校长等职。2021 年当选为中国工程院院士，2022 年 5 月任北京理工大学校长。

序二　我们的父亲毛二可

　　在我们心目中，父亲是一个用一生时间去做好一件事的人，这件事就是研究雷达。每个礼拜，除了周六晚上，父亲都会在看完新闻联播后回到办公室加班，晚上10点半再回家休息。除了周末和假日陪伴家人，他的时间几乎都在实验室度过，风雨无阻，几十年如一日。

　　支撑父亲常年加班的是健康的身体，这得益于他良好的生活习惯，他坚持锻炼身体，从不暴饮暴食，不抽烟、不喝酒。即便在北京寒冷的冬天，父亲也坚持晨跑。小时候，他带我们去爬香山，一起骑几十公里自行车到十三陵。

　　除了健康的体魄，对工程技术和科学研究的兴趣是父亲工作的动力。我们对父亲的工作了解不多，只知道父亲的动手能力很强，小时候家里的自行车有了问题都是父亲自己修。20世纪70年代，父亲还自己设计并组装了家里的第一台电视机，那是一台9寸的黑白电视机。

　　父亲在我们的教育上舍得投入，对我们的影响身教多于言传。

　　小时候，家里的吃穿用度十分简朴，但父亲给我们买书、买运动器材从不吝啬。宇星爱运动，他的第一个足球就是父亲出差时买的，当时算得上家里的一笔不小的开销。家里的第一台简易计算机花费了父母数月工资，它引导宇红日后走上计算机科学研究道路。

父亲平常话不多，对于我们的成长，他关心但不干涉，许多人生的重要决定都是我们自己做出的。父亲说，自己这样做是从爷爷那里学到的，对孩子的发展要关切，但不要干涉，更不能替他们做决定。

父亲中年时，家里经济比较困难。那时爷爷奶奶年纪大，生活不能自理，父亲就把他们接到身边照顾，直到爷爷奶奶过世。"文化大革命"期间，姑姑患了精神疾病，父亲也把她接来照顾，后来姑姑住院，父亲和母亲常去探望。

母亲是父亲教研室的同事，几十年来义无反顾地承担了大部分家务，照顾父亲、孩子和其他家庭成员。父亲在繁忙的工作中尽力分担，给予家人安慰和呵护。记得父亲经常在筒子楼的公共水房洗一家人的衣服，纤瘦的背影弯腰搓洗的情形，我们至今记忆犹新。

父亲是我们这个大家庭的中流砥柱，他谦逊自律、言传身教，如涓涓细流在我们心间流淌。

长子宇红、次子宇星

2022 年 5 月

目 录

图片目录

导 言

　　毛二可，中国工程院院士，国家级有突出贡献专家，中国雷达领域著名学者，北京理工大学信息与电子学院教授、博士生导师。1934 年 1 月 26 日出生于北京，祖籍内蒙古自治区赤峰市。1951 年考入华北大学工学院（现北京理工大学）电机制造专业，1953 年转为雷达专业，1956 年毕业后留校任教，一直在北京理工大学工作至今。1995 年当选为中国工程院院士。

　　毛二可长期从事雷达系统及其信号处理方面的教学和科学研究工作，曾承担国家重点基础研究发展计划（"973"计划）、国家高技术研究发展计划（"863"计划）等多项科研任务，在雷达体制和杂波抑制方面取得重大科研成果，在雷达动目标显示、动目标检测领域作出了重大贡献。1978 年"新型十公分稳定振荡器"获全国科学大会奖，1981 年"用 CCD 做对消器的微波雷达动目标显示系统"获国防工业办公室重大技术改进奖二等奖。多次获得国家技术发明奖，1987 年"模数混合动目标检测处理机"获国家技术发明奖二等奖，是当年军用电子学领域的国家级最高奖；2011 年"虚拟单节点处理"获国家技术发明奖二等奖；2013 年"无线电矢量脱靶量测量技术与应用"获国家技术发明奖一等奖；2018 年某星上信息处理的科研成果获国家技术发明奖二等奖。发表学术论文 100 余篇，其中 60 余篇被 SCI 和 EI 收录。

曾获全国优秀共产党员、全国先进工作者、北京市劳动模范、北京市教育系统先进工作者等多项荣誉称号，2007 年当选中国共产党第十七次全国代表大会代表。历任北京理工大学学术委员会委员、北京电子学会常务理事、总装备部科技委资深委员、国家国防科技工业局科技委委员、空军科学技术与人才培养顾问、英国工程技术学会高级会士等社会兼职。

中国雷达信号处理领域的奠基人、开创者、先行者和引领者

半个多世纪以来，毛二可始终紧密围绕国家重大战略需求，针对空天地海复杂环境中雷达目标检测、成像、识别、跟踪等难题，首创了多种雷达系统新体制及实时信号与信息处理新算法，多项成果达到世界领先水平，实现了雷达"看得清""测得准""探得远""响应快"，满足了防空反导、载人航天、探月工程等国家战略需求，大幅提升了我国星载、机载、弹载雷达的探测性能与反应速度，为我国国防建设和武器装备技术的发展和进步作出了重大贡献。

1954 年，在苏联专家的指导下，还在学习阶段的毛二可开始参与雷达专业实验室的建设。1956 年，在毕业设计阶段，他与几个同学成功地完成了中国第一个电视实验发射中心的研究设计，并取得了邮电部颁发的我国第一个电视频道执照。1958 年，毕业留校任教两年的他，在学校建成中国第一家实验用电视发射台。20 世纪 60 年代，毛二可和他的同事们主动开始了高频相位计的研制计划，经过两年多的艰苦奋斗，终于研制成功，填补了国内的一项空白。

20 世纪 80 年代，毛二可作为我国雷达信号处理的奠基人，率先开展全数字化的动目标信号处理技术研究，突破了强杂波环境下雷达动目标检测世界难题，使中国雷达信号处理从模拟时代跨越到数字时代。他带领科研团队自主研制出具有国际先进水平的新型雷达动目标显示装置等核心部件，广泛应用于我国多型机载火控雷达，实现复杂环境下雷达"看得清"，为大幅提升我军战场侦察和精确打击能力作出了重大贡献，成果获 1987 年军用电子学领域国家级最高奖（国家技术发明奖二等奖）。

20 世纪 90 年代，毛二可率先提出用雷达技术解决精确打击武器矢量

脱靶量大范围、高精度测量这一世界性难题，使我国矢量脱靶量测量范围和精度比国外提高10倍以上，实现雷达"测得准"。该技术被称为"靶场试验脱靶量测量技术的革命"，应用于我国多型重大导弹武器的试验鉴定，并成功推广应用于"神舟""天宫"的历次交会对接。毛二可成为我国全时空雷达的开创者，成果获2013年国家技术发明奖一等奖。

作为我国新一代雷达的先行者，毛二可率先提出复杂信号新波形，解决了远距离微弱目标探测难题；发明了"虚拟单节点处理"新技术，解决了强约束下高速率、大容量数据的高效实时信号处理难题；研制出系列新型空间雷达增程信号处理系统，对嫦娥二号三级箭体探测距离达到14万千米，达到国际先进水平，实现雷达"探得远"。该技术被认为是"我国非合作方式跟踪目标达到的最远距离"，成果获2011年国家技术发明奖二等奖。

作为我国星上信息处理的引领者，毛二可率先提出将传统天基成像处理由地面转移到星上的新思路，解决了星上体积、重量、功耗严格约束下的实时信号与信息处理难题，带领团队成功研制全球首个星上雷达成像处理系统、星上图像目标检测处理芯片及系统，成果应用于我国12型16颗卫星；突破星地数据传输瓶颈，开创我国航天成像遥感星上处理、实时分发的新模式，实现卫星成像遥感"响应快"，成果获2018年国家技术发明奖二等奖。

同时，毛二可在自己研究成果的基础上，带领团队服务于国家军民融合发展战略、创新驱动发展战略及产学研体制创新，与北京理工人学共同组建了专门从事成果转化的学科性公司，打造出中关村乃至全国知名的高科技创新型企业和高校科技成果转化的成功案例。

国防科技自主创新的实践者和引领者

毛二可从事雷达研究60余载，科研和教学相辅相成。他始终坚定地认为："搞科研不能盲目跟风，我国的国防事业需要雷达技术，我们的研究专长在雷达技术，不能轻易改方向。"多年来，他坚持从科研实践中，从国防建设的急迫需求中，特别是从国家对雷达新技术的迫切期待中，不断发现突破口、找到创新点。这正是他傲立雷达技术前沿半个多世纪的秘诀所在。在当今世界以研发各种新体制雷达为主导的科技前沿中，已经有了中国雷达科技工作者的一席之地。正是毛二可对雷达事业的热爱，使得他始终保持着敏锐的学术洞察力，把握着雷达技术的发展规律，立足国防，带领团队不断突破极限，攀登科学的更高峰，不断提出了一个又一个新体制雷达系统：某脱靶量测量雷达、合成宽带相控阵雷达、米波共形全时空雷达、分布式相参雷达、单兵特种作战雷达等，并取得多项重要的研究成果，形成真正的"一招鲜"和"杀手锏"，走出了一条独立自主的创新发展之路。

某测量系统，是国际上公认的难题，主要用于检验导弹是否命中目标，如果没有命中，需要测出打靶偏差的距离和方向。1992 年，毛二可综合多种雷达体制和处理方法，独立自主地提出了一种采用复杂天线和数据拟合处理的脱靶量测量系统。毛二可带领团队进行了大量艰苦的外场试验，历经 8 年，终于完成了系统定型，取得了高精度的测量效果。在成功研制第一代测量系统的基础上，近几年，该系统通过进一步的创新和完善，又取得了突破性进展，成功研制出了精度和可靠性更高、体积更小、操作更方便的测量系统，这套系统很快将在陆海空各种平台中广泛应用。

通用模块化实时高速信号处理系统是北京理工大学雷达研究所在毛二可带领下做出的另一项重要创新成果。美国从 1980 年开始研究这一技术，已经形成了成熟的军用标准。毛二可和课题组仔细分析了国内的基础和技术发展的未来趋势，认为不应完全照搬美国的标准，而应选择技术起点更高、性能更好、军民两用、更加通用化的国际标准，根据国内的实际情况选择自己的路。为了实现这种设想，课题组开始通用化处理系统研制工作。1995—2005 年，毛二可带领团队历经十载，从第一代到第四代通用处理机，解决了一个又一个关键技术难题，研制成功具有完全自主知识产权的通用信息处理机货架产品，具有小型化、运算能力强的优势，能充分满足军方对环境、振动、温度和可靠性等多方面的严格要求，应用于雷达、航天遥感、卫星导航等多个领域，形成了一种我军装备信息化的基础计算平台，为国防现代化建设作出了贡献。

高素质创新人才培养的践行者

毛二可不仅在雷达领域作出了重大贡献，还创建了"构建大团队、形成大平台、承担大项目、产生大成果"的高校基层科研单位运行管理模式，形成了"凝聚人、培养人、宽容人"的育人方法，为我国国防、科技、教育等领域培养了一批高水平人才，形成了一支富有凝聚力和战斗力的科研创新团队。截至2022年，团队已累计培养博士生近300人、硕士生超过1000人，学生中产生3位院士以及大学校长、将军、军工集团总经理等几十名高层次领军人才，在先进雷达、无人侦察、军用电子对抗、空天遥感、5G通信、自动驾驶等领域作出了卓越贡献。

多年来，毛二可带领雷达技术研究所的青年教师和学生努力拼搏，将规模不大的雷达研究室建成为信念坚定、拼搏奉献、求实创新、和谐发展的高素质、高水平的雷达技术研究所。同时，培养出了一批学术思想活跃、综合素质高、发展后劲强的中青年骨干。由雷达技术研究所的这批中青年骨干组成的团队，是一个勇于科技创新的团队，承担了多项雷达信息领域的重点预研项目、演示验证项目和型号装备研制，并承担了多项国家项目，先后攻克了雷达领域多个技术难题，取得了多项具有国内领先水平的科研成果，荣获国家发明奖6项、部级重大科技进步奖20余项，获准发明专利10余项，发表学术论文约800篇，被SCI、EI、ISPT收录近200篇；完成的"模数混合动目标检测处理机"获1987年国家技术发明奖二等奖。其中两组重大科研成果，分别为我军精确制导和装备信息化搭建起了计算平台；合成宽带相控阵雷达、米波共形全时空雷达、灵巧欺骗干扰系统等新体制雷达和通用信息处理系统，将我军防卫反击能力提升到让人民放心的高度。

如今，这支队伍已经成长为一支以年轻博士生、教授为骨干力量，青年教师和研究生群体为主要成员的具有高学历、高素质、高效益、勇于实践、敢于创新的科技团队。

党的事业矢志不渝的追求者

毛二可始终秉承共产党的优良传统和共产党人的政治品格与优良作风。对党忠诚、无私奉献，将学校为他配备的"院士办公室"让给青年教师和博士生使用，每天骑着自行车往返学校和家里；刻苦钻研、潜心学问，以80多岁高龄坚持奋战在教学科研工作第一线，是无愧于时代、无愧于党和人民的优秀科教楷模。毛二可及其团队求真务实、勇于创新的科学精神，不畏艰险、勇攀高峰的探索精神，团结协作、淡泊名利的团队精神，与时俱进、争创一流的先锋精神，在北京理工大学、在全国教育战线引起了强烈反响。2006年6月27日，"北京高校纪念建党85周年暨毛二可同志先进事迹报告会"在京举行，北京市58所高校师生参会。"毛二可院士及其创新团队先进事迹"宣讲团分赴国防科工委、北京市委、高等院校等开展宣讲。北京理工大学师生创作的音乐剧《毛二可》、歌曲《无悔的蜡烛》等一批歌颂毛二可事迹的文艺作品在校内外引起了强烈反响，感召一代代北理学子传承红色基因、投身国家建设。

毛二可满怀着对中国国防科技事业的热爱，秉持着要让中国雷达技术站在世界军事科技前沿的责任感，至今依然战斗在科研一线。"我们要抓紧！"，这是他最常挂在嘴边的一句话，这位80多岁高龄的老人身上表现出的时不我待、只争朝夕的紧迫感，也成为感染、带动整个团队奋勇向前的最强大动力和最坚实的精神支柱。老骥伏枥，志在千里；烈士暮年，壮心不已。虽已耄耋之龄，但作为学术团队的灵魂人物和智囊核心，毛二可依然密切关注国际雷达科技发展前沿，并带领团队积极探索雷达领域新课题，为中国国防科技发展呕心沥血。

采集工作回顾

"毛二可学术成长资料采集小组"于2016年4月正式成立，按照采集工作要求开展了三个方面的工作。

案头准备工作方面。一是档案资料查阅。采集小组查阅了北京理工大学档案馆毛二可人事档案全档和可公开的科技档案，掌握其主要人生经历和科研经历。二是以往研究资料阅读。截至 2022 年，有关毛二可的正式出版物仅有两本，一本是《20 世纪中国知名科学家学术成就概览：信息科学与技术卷（第二分册）》，书中列有"毛二可"条目，简单介绍了毛二可的生平和学术成就；另一本是《延安精神军工文化——毛二可院士及其创新团队事迹》，该书对毛二可的成长经历、主要学术领域和学术成就有较为详细的叙述。这两部著作作为重要的研究资料，成为本次采集工作的坚实基础。另外，通过查阅中国近现代历史、科技史以及北京理工大学校史等资料，掌握雷达技术、近现代中国教育和新中国科技事业等领域的历史背景知识，以便更深入地理解毛二可的科研经历和学术思想在不同历史时期的变化原因。

资料采集方面。一是学术成果类资料收集。通过数据库检索，全方位查找毛二可公开发表的著作和论文。采集到毛二可在国内外重要学术刊物上发表的学术论文 144 篇，参编的《雷达站》《毫米波导引头信号处理机》等内部教材，获得的专利 16 项。通过梳理这些研究成果，掌握了毛二可的学术传承、科研历程和学术思想发展脉络。二是实物资料采集。与毛二可的成长密切相关的两个城市：一个是重庆，是他从幼儿园到高中毕业主要生活的地方；另一个是北京，是他考上大学后一直生活和工作的地方。采集小组在北京和重庆系统采集了毛二可求学和工作期间的档案材料。从重庆市档案馆和重庆大学档案馆采集到毛二可父亲毛韶青的个人履历以及毛二可在重庆南开中学就读时的档案材料；从北京市第四中学采集到毛二可就读期间的成绩单和学籍表，从北京理工大学档案馆采集到毛二可的成绩单、履历表和科研项目资料。其他实物资料主要由毛二可家属和助手提供，采集到 17 份国内媒体制作的视频资料，以及证书、奖状、图纸、工作日记、信件、著作、项目申报或研究过程的相关资料。另外，从河北省保定市留法勤工俭学运动纪念馆采集到毛二可父亲毛韶青在保定育德中学就读时的资料。

口述访谈方面。采集小组通过采访毛二可本人，获得珍贵的口述资料，确定了毛二可的重要学术成长阶段。同时，系统访谈了毛二可的同学、同事、学生以及行业专家，其中院士 5 位。另外，采集小组专程赴重庆访谈了毛二可的哥哥毛大可和同学蔡胜祥，毛二可夫人熊如眉和长子熊宇红也接受了采访。所有口述访谈尽可能从不同角度记录和挖掘毛二可各个历史时期经历的细节，并从一名高等学校科技工作者的视角展现了我国军事雷达科技的发展历史。

在整理、研究以上采集资料的基础上，采集小组梳理毛二可的家庭背景、求学经历、师承关系和科研历程，尤其是对其日后科学成就产生深刻影响的成长环境、求学环境、工作环境，学术历程中的重要人物、关键问题和重要事件。尽可能挖掘毛二可人生经历和学术成长的细节，比较完整地呈现毛二可的人生经历、人格魅力以及对中国雷达事业的探索和坚持。

本书共分十章，主要以时间为序。部分内容，如人才培养、创建产学研一体化公司等，因时间跨度较大、内容连贯性强，故单独成章。第一章介绍了毛二可的家庭情况，主要厘清了毛二可父亲毛韶青人生经历中的重要阶段，介绍毛二可兄妹四人的基本情况；第二章和第三章讲述了毛二可的青少年时光，父亲和哥哥对他的影响，南开中学的教育，大学时期如何在老师的引导下走上科学研究道路；第四章到第六章按照时间顺序讲述了毛二可从大学毕业留校工作，到改革开放后开展科学研究的艰难历程；第七章到第九章讲述了毛二可在人才培养、创建产学研一体化公司、团队建设等方面所做的工作；最后一章对毛二可的家庭生活和对孩子的教育进行了介绍。

限于我们的学术素养和思想境界，文中或存在学术专业词汇不正确、个别事件背景或时间记录不翔实、部分归纳总结不到位的情况，在此深表歉意，恳请批评斧正。

感谢王小谟院士、张光义院士、贲德院士和樊帮奎院士，以及北京理工大学的匡镜明教授、柯有安教授、龙腾院士、吴嗣亮教授和高梅国教授等多位老师抽出宝贵时间接受采访。感谢毛二可夫人熊如眉老师及其长子熊宇红先生，他们积极配合采集小组工作，提供了家中收藏的实物资料。特别感谢龙腾院士对本书和毛二可学术成长资料采集项目的支持！感谢所有对毛二可学术成长资料采集工作给予过支持的人们！

第一章
故乡与家庭

毛 家 四 可

　　1934 年 1 月 26 日，农历腊月十二，城中迎接春节的喜庆氛围越来越浓。坐落在北平城市中心西单大街附近辟才胡同的毛宅里，迎来了家中第二个孩子的降生。当时没有人会想到，这个出生在寒冬时节的羸弱婴儿，会在日后成为一名雷达专家，并在中国国防科技的宏伟蓝图上绘就一笔浓墨重彩。

　　此时的中华大地笼罩在一片浓重的战争阴霾中。占领了东北三省的日本侵略军不断向南蚕食中国领土，1933 年 3 月热河省全境失陷，致使整个华北地区失去保护屏障。而忙于"安内"的国民党政府，对日本的侵略行为却步步退让，与之签订了丧权辱国的停战协议——《塘沽协定》，默认了日本对东北四省的非法侵占，也使得北平成为中国军队抵抗日本侵略军的前哨阵地。即便局势异常紧张，但对经历过九一八事变的毛家人来说，只要全家人在一起，不再经受颠沛流离的日子就是幸福。在前一年的 8 月，父亲毛韶青被国立清华大学机械系聘为讲师，全家从塘沽搬到北平定居下来。虽在城中住下不过短短几月，但家里无论是居住环境还是生活用度，与之前漂泊不定的情况相比有了彻底的改变，生活很快走上了正轨。

一切都是新的开始，新生儿的降生更为全家人增添了新的希望。受大儿子名字的启发，父母决定给二儿子取名"二可"。后来出生的两个孩子也延续了这个按照数字排列的简洁形式，兄妹几人的长幼排序让外人一听就清清楚楚。毛二可兄妹四人，哥哥毛大可1931年生于沈阳，弟弟毛三可1936年生于广州，妹妹毛四可1948年生于重庆。而兄妹四人的名字，其实源于毛二可的父亲毛韶青崇拜的一位19世纪的德国将军——赫尔穆特·卡尔·贝恩哈特·冯·毛奇（1800—1891，又称"老毛奇"）。毛奇的一生极富传奇色彩，虽然出身贵族，但他自幼家道中落，家中生活十分拮据。他父亲原为普鲁士王国军队的军官，后来带着全家迁居丹麦。毛奇在10岁时就被送入哥本哈根皇家军事学校，18岁进入丹麦军队服役，22岁转入普鲁士王国军队，后来进入柏林陆军学院深造。他对各国战争史做过多年研究，曾发表过多篇研究评论文章，并出版过多部军事史和军事理论著作。在被任命为普鲁士王国军队的总参谋长后，他积极推行军事改革，改变军队的战略和战术，研究加强军备建设。在他的指挥下，普鲁士军队赢得了三次王朝战争的胜利，统一了除奥地利以外的德意志全境，德意志民族实现了首次大统一。毛奇因此被尊称为德意志帝国开国三元勋之一。

图1-1 20世纪70年代末毛家四可合影（左起：毛大可、毛二可、毛三可、毛四可）

毛韶青喜爱军事，并且在法国工作和学习多年，很了解这位德国开国将军的事迹。他觉得毛奇自幼奋发努力的成长经历与自己颇为相似，因而在心中产生共鸣；毛奇将军为实现国家统一和民族复兴，矢志不渝的意志力，令他心生敬佩。当毛韶青亲身经历了九一八事变中家人被迫逃离故

图 1-2　父亲毛韶青　　　　　图 1-3　母亲冯精如和妹妹毛四可
（摄于 1965 年）　　　　　　（摄于约 1949—1950 年）

土、流离失所的悲惨时刻，目睹了国土被列强分割、人民受外族压迫的屈辱景象之后，作为一名爱国的知识分子，他希望自己的孩子能像毛奇将军那样，成为一名为国家统一、民族振兴贡献力量的栋梁之材。于是在长子出生时，他并没有按照惯例用家族辈分给孩子取名，而是索性将"奇"字拆作"大可"，作为儿子的名字。

毛二可兄弟三人虽性格迥异，但长大之后的学习和工作都与军工有关，这或许体现了父亲的专长和爱好对他们的影响。

　　　我的性格和我哥哥（毛大可）不一样，我哥哥比较能做决定，魄力比较大，敢干。我小时候基本上就是跟着他跑，他说上哪就上哪，他说怎么弄就怎么弄。哥哥胆子大，上树下水他都敢，都是他带着我去。

　　　毛三可处理事情比我好一些，胆量大一些。有时候母亲让我们去买酱油和醋，我到了商店就让毛三可来说买什么，我见到陌生人都不敢说话。

　　　我自己比较胆小，小时候见到陌生人都开不了口，就叫弟弟或哥哥（替我）说话。[1]

对于毛二可的父亲和母亲来说，要教育好家里的三个男孩子，并不是

---

[1]　毛二可访谈，2017 年 5 月 25 日，北京。资料存于采集工程数据库。

一件容易的事。

母亲冯精如，出生于 1907 年，知书达理，温婉大方，拥有初中文化水平的她在当时已算是少见的知识女性。在毛二可的印象里，母亲待人和气，从来没与人发生过争执，孩子们淘气犯错，她也总是耐心教育。

父亲毛韶青是当时国内极少数留学归国的高级知识分子。为了孩子们的成长，他付出了很多心血。父亲对孩子们最大的影响就是教会他们思考问题的方法以及培养他们深入研究的习惯。当孩子们的学习成绩下滑时，他并不会简单打骂或是处罚他们，而是耐心地跟孩子们分析原因，共同找出解决办法。对于孩子们提出的问题，父亲总是耐心讲解，还会启发他们自己思考。对孩子们的兴趣爱好，他也是尽力支持。

在父母的悉心培养下，毛家兄妹健康成长。说起年幼时父亲对孩子们的教育，毛大可印象依然很深。

父亲对我们的影响，最重要的一点是教会了我们怎样研究问题、怎样看问题。父亲在清华大学工作的时候，当时我们家庭情况比较好，我那时候才三岁，家里买了个小孩玩的三轮车，父亲就教我怎么拆、怎么装。我问他汽车为什么要用轮胎，他说因为汽车会震动，轮胎里的气能缓和震动；我问他人为什么会肚子疼，他说因为吃了脏东西有细菌。

我们学习成绩好不好他一般不太管，也不会打骂我们，而是跟我们分析原因，很细致、很耐心，这一点我印象很深。我记得我小学毕业考初中的时候，父亲教我怎么分析研究问题。他每天给我出一道题让我去做，做不出来他就跟我讲，我做出来了他还问我为什么这么做。最后我考取了四个学校，所有四道应用题我都算出来了，而且都算对了。父亲让我们形成了一种思想方法，也对研究问题产生了兴趣，这一点对我特别重要，对毛二可也是影响很大。[1]

在父母的悉心培养下，毛家兄妹健康成长。兄弟三人从小聪明活泼，

---

[1] 毛大可访谈，2017 年 9 月 20 日，重庆。资料存于采集工程数据库。

兴趣爱好广泛。即便是有些胆小害羞的毛二可，也在哥哥的影响带领下，开心快乐地成长。兄弟三人一边无忧无虑地成长，一边在学业方面展现出各自的风采。他们先后考取了重庆私立南开中学，得以在当时国内最优越的学习环境中，接受先进的中学教育。

毛大可高中毕业后考入重庆大学电机系电讯组，毕业后参军，被分配到张家口通讯工程学院。1963年，毛大可转业到西安军事通信学院，后转到重庆雷达学院。1975年，毛大可进入重庆无线电测量仪器厂工作，曾任重庆市电子工业局副局长、总工程师。

毛三可与两个哥哥不同，他对无线电并没有多少兴趣，而对父亲所从事的机械专业情有独钟。1957年高中毕业后，毛三可考入清华大学机械系焊接专业，毕业后被分配到北京航空学院（现北京航空航天大学）工作。

毛四可作为毛家唯一的女儿，得到了全家人的宠爱。在这个对教育颇为重视的家庭，她同样接受了良好的教育。

家 乡 赤 峰

毛二可的家乡赤峰（原热河省赤峰县）是内蒙古自治区的9个地级市之一，位于蒙古高原和辽河平原之间，蒙冀辽三省区交汇处。这里三面环山，燕山北麓和大兴安岭南端的余脉绵延境内；东临辽水，古老的西拉木伦河和老哈河横贯赤峰东西，境内大大小小的河流纵横交织，由此形成的赤峰草原是内蒙古大草原的重要组成部分。

1921年，赤峰发现了中国新石器时代文化遗址红山文化遗址，证明在五六千年前，这里就有了人类的足迹。现代考古认为，红山文化是与中原仰韶文化同时期、分布在西辽河流域的发达文明。经过漫长的历史变迁，赤峰成为北方少数民族繁衍生息之地，蒙古帝国和元朝建立后，赤峰地区的农牧业经济得到了长足发展。清朝时期，赤峰大部分地区属蒙古昭乌达盟。1928年国民政府建立热河省，省府设在承德，赤峰全境划归昭乌达盟，隶属热河省。中华人民共和国成立后，赤峰先后隶属于热河省和内蒙古自治区。

传说赤峰之名源自蒙语"乌兰哈达"，汉语译为"红色的山峰"，指的就是在今赤峰市区东北部的英金河畔矗立着的一座高大花岗岩体山峰，在阳光的映照下山峰上裸露的赫红色岩石如火焰般灿烂。在这片土地上，巍峨的高山相伴着辽阔的草原，草木繁茂、山野葱茏，更因河流纵横、湖泊棋布，到处都散发着勃勃生机。但是，与繁华富庶的内地相比，地处塞外草原上的赤峰实在算是个苦寒的小地方。虽然因优越的地理环境，赤峰所在的喀喇沁地区是蒙古最早开始农耕的地区之一，农耕与畜牧业的融合发展也极大地促进了当地经济的发展，但蒙古地区在社会制度、经济、文化、农业、工业等方面都远远落后于中原地区。

直到清朝末年，一位蒙古贵族的出现让赤峰所在的喀喇沁地区发生了巨大改变，他就是蒙古喀喇沁旗扎萨克贡桑诺尔布亲王（贡王）[①]。贡桑诺尔布的祖先是成吉思汗的功臣勒蔑，到清朝时被封为喀喇沁右旗世袭冈替扎萨克（旗长）郡王，数代后以军功加封为亲王。作为家中长子和未来王位的继承人，贡桑诺尔布的父亲从他幼年开始就对他进行了严格、系统的教育。在父亲的影响和鞭策下，贡桑诺尔布精通诗词歌赋，擅长书法，通晓蒙古、满、汉、藏等语言文字，赛马、骑射、拳脚等技能也都娴熟，这为他成为清末蒙古地区近代化的先行者创造了条件。因较早接受民主启蒙思想，继位后的贡桑诺尔布在他的领地内大力推行旗政新举，在政治、经济、文化等领域实施了一系列革新，他的改革创举，创造了清朝蒙古族经济、文化的数个"第一"，使得喀喇沁旗的政治、经济和文化发展在塞外蒙古诸部中堪称翘楚。他不惜血本、倾力尽智在喀喇沁旗率先办学，先后开办崇正学堂、毓正女子学堂、守正武学堂；兴办了草原上第一个报社、邮局、图书馆、警察局等，开创了漠南蒙古现代教育的先河，使得赤

---

① 贡桑诺尔布（1872–1931），清末民初的蒙古族政治家、教育家、诗人。卓索图盟喀喇沁右翼旗（今内蒙古自治区赤峰市喀喇沁旗）世袭扎萨克亲王，兼卓索图盟盟长。民国时期历任蒙藏事务局（院）总裁、国民党理事会理事、蒙藏学校校长。贡桑诺尔布是蒙古民族近代史上重要的开拓者，也是赤峰及东蒙地区近代史中著名的历史人物。

峰成为蒙古各盟最早开启民智的地区。

清光绪二十八年（1902 年），内蒙古喀喇沁旗第一所学校崇正学堂在札萨克亲王府西院开班授课，由贡桑诺尔布亲自担任校长，聘江南名士陆君略、钱桐为总教习。学校的硬件条件优良，有宿舍、饭厅、小型图书室，而且一切免费。学校从旗民中招收适龄儿童入学，对于家远而又不愿住宿的学生，还有马车接送。新式学堂一开始并没有受到旗内蒙民的欢迎，甚至有人带着孩子远走他乡逃避入学。为此，贡桑诺尔布下令：对于送来学生的人户，免去户口税，并且给他们的门首悬挂上解除赋役的特许木牌，以资奖励。在这样的命令下，陆续有人把孩子送进学堂。崇正学堂学生逐渐增多，贡桑诺尔布又从北京请来新式师范毕业的汉人教员，根据新制对学生进行考试，按照每个学生的文化程度分为快、中、慢三班，分别授课。自此以后，崇正学堂发展更为规范。

清光绪三十年（1904 年），在整个中国女子学校都凤毛麟角的时候，蒙古草原第一所女子学堂——毓正女学堂正式开学。学校由贡桑诺尔布亲王的福晋亲自主持校务，除聘请蒙古文和汉文教习以外，还聘请了一位日本女老师，开设日语、算术、手工、图画、音乐、体育等课程。在当时女孩子很少能被家里允许读书习字，更不要说走出家门去学堂读书。因此，毓正女学堂的招生非常困难。为了鼓励更多的女孩子来上学，学堂免费提供学习用品和午餐。

当中国大部分地区的孩子们还在学习传统的四书五经，准备考个秀才、举人的时候，蒙古喀喇沁旗的孩子已经在学习历史、地理、数学、外语、音乐、体育等现代化的课程，接受了新式教育。为了让学生接受更好的教育，视野更加宽广，贡桑诺尔布选拔成绩优秀的学生去北京、上海、天津等地的新式学堂继续深造，甚至远渡重洋到日本留学。由塞外走向内地，由中国走向世界，通过兴办新式学堂、建设图书馆、创办报纸、开展文化教育活动，喀喇沁旗人民大量吸收外界文化，文风蔚然，盛极一时。在大力发展文化教育的同时，贡桑诺尔布也致力兴办实业促进贸易，在推行新政的短短几年内，整个地区的经济文化形势发生了极大的改观。赤峰的商业经济十分繁荣，成为内蒙古地区重要的商品贸易和货物集散地之一。琳琅满目的商品，吸引了邻近各县乃至百里以外的蒙汉人民纷纷来此购物，每逢节日，大街上人群熙熙攘攘热闹非凡，喀喇沁旗更有了"小北京"之称。

父亲的经历

1897 年，毛二可的父亲毛韶青（曾用名毛少卿，字春浦）出生于一个小商人家庭，家住赤峰县城二道街。因为受到赤峰当地普遍注重教育的影响，毛韶青幼年时就进入学堂读书。他天资聪慧，敏而好学，没有辜负父母对他的殷切期望，学习成绩始终出类拔萃。但动荡的时局使他的求学之路走得并不顺遂。在二道街的老宅里，毛韶青度过了自己的童年和少年时期，强烈的求学渴望支撑着他刻苦攻读，终于在 16 岁时考入了著名的保定私立育德中学 ①，这也成为他日后留学法国、改变命运的重要契机。

选择离开家乡到千里之外的保定市求学，无疑是毛韶青改变个人命运的重要一步。育德中学不仅在教学质量上是整个热河省乃至华北地区的知名中学，更在学生品德素质培养方面有着悠久的历史和优良的传统。1913年，王国光 ②担任育德中学校长，他主张变革教育，发展实业以振兴国家。在他的推动下，育德中学的教学内容上增加了实用手工，让学生们学习制作手工品，以增加实业知识和动手能力。这样的办学宗旨，得到了时任北京大学校长蔡元培、教育活动家李石曾等人的赞赏。五四运动前后，面对国家经受西方列强蹂躏的悲惨局面，无数有识之士挺身而出，开始寻找新的救国救民道路。危机四伏的社会现状，更促使一批政治眼光敏锐的知识

---

① 保定市育德中学始建于 1905 年，后发展成为华北地区颇有影响的一所私立中学，并以办学时间长、毕业人数多、教学设备好、学生质量高而闻名全国，素有"天津南开，保定育德"之称。

② 王国光（1883-1971），名喜曾，字国光，河北高阳人。同盟会员，教育家，育德中学创办人之一。1913-1921 年任育德中学校长。新中国成立后，曾当选为河北省人大代表和省政协常委。

图1-4 《百年名校育德中学》中的学生名录（第五列第九行为毛少卿）

分子以匡时救国为己任，积极探索和寻找中国社会摆脱困境与危机的良策。在探求救国振民道路的过程中，蔡元培、李石曾、吴玉章等人借鉴在法国巴黎做工的中国工人求学方式，提出"勤于工作、俭以求学"的留学教育思路，号召有志青年特别是贫寒子弟走出国门认识世界，学习先进科学文化知识，在中国首创平等的、大众的留学路径。在众多爱国人士的倡导和推动下，"留法勤工俭学会""法华教育会"等专门机构相继在中法两国成立，就此在全国掀起了一场轰轰烈烈的留法勤工俭学运动。

育德中学校长王国光对通过勤工俭学的方式到国外接受先进教育的做法大为赞赏，还专程邀请蔡元培、李

图1-5 留法勤工俭学运动纪念馆（原育德中学校门）

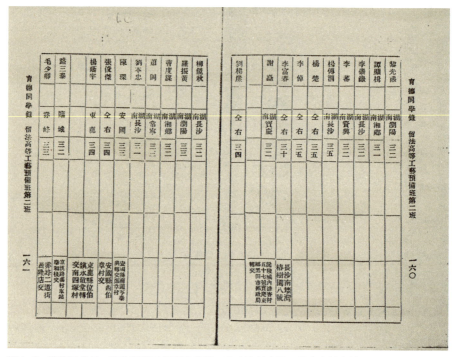

图 1-6　育德同学录：留法高等工艺预备班第二班（资料来源：保定市档案馆）

石增到育德中学演讲，面向青年学生进行勤工俭学运动宣传。在他的支持下，育德中学率先设立了留法勤工俭学预备班。1917—1920 年，育德中学的留法勤工俭学高级预备班共办 4 期，学生来自全国 17 个省，213 名毕业生中有 93 人留学法国，其中就有刘少奇、李维汉等老一辈革命家。保定育德中学在国内率先设立留法勤工俭学预备班，起到极好的示范效果，有力地推动了留法勤工俭学运动的深入发展。这所中学也因此成为中国留法勤工俭学运动的发祥地。

1918 年，毛韶青即将从育德中学毕业，虽然他渴望继续自己的学业，然而现实的问题却摆在他的面前：在育德中学就读期间，由于父亲去世，毛家的境况已大不如前，毛韶青读书期间的花费都是靠伯父供给。此时的他已经是一名 21 岁的青年，也到了承担家庭责任的年纪，再让家里承担后续的学费实在困难。经过反复思索后，不甘心就此放弃学业的毛韶青决定报考育德中学的留法预备班，希望能够依靠自身的努力继续深造。他顺利考取了留法勤工俭学第二期——留法高等工艺预备班第二班。在全班96名同学中竟有60余名是来自湖南省的，他们由湖南新民学会组织到北京，之后被安排进入育德中学学习。其中两人——李维汉和李富春在后来成为著名的共产党人。

在预备班，毛韶青遇到了影响自己一生的恩师刘仙洲[①]。刘仙洲曾是育德中学的毕业生，1918年获得香港大学工程科学学士学位，在回到保定老家探亲时，受到育德中学王国光校长的恳切邀请，回到母校担任留法预备班的机械教员，同时讲授物理等课程。在他的建议下，育德中学还办起了实习工厂——锻工厂，供全校学生上实习、劳作课。他学识广博、品德高洁，很受学生们的喜爱。毛韶青对刘仙洲十分崇拜，再加上两人年龄相差不大，因此结下了亦师亦友的深厚情谊，在未来的岁月里，毛韶青追随老师的脚步，致力于中国机械专业教育事业。

预备班一年学习毕业后，毛韶青回到赤峰准备留学经费。经过一年多的时间终于凑够路费踏上远赴法国的旅程，开始勤工俭学生活。到法国后，毛韶青先在几家汽车厂工作了四年，之后在法国高等工艺班、菲尔米尼工业学校研究班、法国国立工业专门学校学习，后进入法国国立科尔尼机械专科学校（法国科律尼机械专门学校）学习机械专业。八年的留学时光，让这名年轻的中国留学生积累了学识、打开了眼界。

1929年，学成归国的毛韶青回到家乡赤峰。此时的他已经32岁了，却还是孤身一人，家中长辈非常着急他的婚事。好在不久就有人介绍了一位与他年貌相配的姑娘，名叫冯精如，家住赤峰县城五道街。冯家虽然世代务农，但长辈思想开明，家中不乏思想先进的读书人，在乡邻中也有一些威望。冯精如自小就进入学堂认字读书，善良贤惠又识大局，性情温柔又坚毅，这些不可多得的优点令毛韶青同意了婚事。婚后的毛韶青先在赤峰中学做教员，但他最迫切的想法，是要用自身所学为国所用。此时，毛韶青的老师刘仙洲已被东北大学聘请为工学院机械工程系的系主任和教

---

① 刘仙洲（1890-1975），河北完县（今顺平县）人，机械学家，机械工程教育家，中国科学院学部委员（院士）。刘仙洲是中国机械工程教育的开拓者，也是中国机械工程史学科的主要奠基人。

授，比较了解东北的情况，于是建议他到沈阳发展，容易找到专业对口的工作。毛韶青来到沈阳后进入沈阳立中汽车厂做技师。没过多久，就获悉时任东北大学校长张学良正筹备制造中国人自己的汽车，急需机械专业人才。在刘仙洲的推荐下，毛韶青被聘为辽宁迫击炮厂下属民生机械工厂的工程师，得以参与中国第一辆汽车的研制。

自 1886 年现代汽车诞生后，汽车制造技术一直掌握在几个欧美发达国家手中，虽然中国早在 1901 年便有了第一辆汽车，但此后几十年的时间里，中国人没有能自主制造生产出一辆汽车。在张学良的大力支持下，辽宁迫击炮厂成立了民生机械工厂，目标是设计制造既经济又适合在东北乡间道路行驶的载重汽车。工厂聘请了美国人麦尔斯担任总工程师，还从美国进口了一辆瑞雷 SIIB 型汽车进行拆卸研究。

图 1-7　民生牌 75 型载货汽车

1931 年 5 月 31 日，中国第一辆汽车——民生牌 75 型载货汽车诞生了。这辆汽车由中国人自行设计，载重量 1.82 吨，最高车速为每小时 40 公里。汽车发动机、电气装置和轮胎等部件委托国外专业名厂依照民生工厂自行设计的图纸加工，其余大多数零部件均是由辽宁迫击炮厂自行研发制造，只有少部分零部件依赖进口，"国产化"率达 70%。这在当时中国制造工业非常落后的情况下，实属不易。该车的技术水平与美国同类型的产品基本持平，甚至还专门针对国内气候以及路况条件做了创新设计。

民生牌汽车问世以后，在国内引起很大反响。为了庆祝第一辆国产汽车的问世，辽宁迫击炮厂举行了隆重的庆祝大会。同年 7 月，该车应邀参加由"中华全国道路建设协会"为纪念协会成立十周年计划九月份在上海法租界贝当路举行的"中华全国路市展览会"。这是中国第一次举办大规模汽车展览，当时的上海市市长张群作为代表参加展览会，时任外交部部长王正延、实业部部长孔祥熙等也都亲自到会祝贺。展览会吸引了当时欧美各国众多知名汽车制造公司参展，展出了当时最新款的汽车。展会上，民生牌汽车作为唯一的一辆国产汽车，与福特、雪佛兰、庞蒂亚克等世界名牌汽车一同展出，得到社会各界的关注，极大地激发了民众的民族自豪感，鼓舞了中国人制造汽车的信心。

正当国人为有了自己的汽车而欢喜时，九一八事变爆发，日军一夜之间占领沈阳，沈阳兵工厂和民生机械工厂也被日军占领，技术人员和工人被迫流亡，即将完成的首批汽车及零件被日军全部拖走。刚刚萌芽的中国民族汽车制造工业就这样被扼杀了。

九一八事变发生时，毛韶青正在上海参加汽车展览会，妻子冯精如则留在沈阳刚刚生下两人的第一个孩子。万般无奈之下，冯精如抱着出生仅 20 天的毛大可，随着民生机械工厂的人挤上南下的火车，一起逃往天津躲避战乱。几经辗转联系，一家人终于在天津团聚。由于匆忙逃难，家里的许多财物都没有带出来。为了一家人的吃穿用度，毛韶青暂时在塘沽的一家化工厂找到一份技师工作，全家人的生活才总算有了着落。[①]

教育救国之路

20 世纪 30 年代后，随着中国社会经济的发展，对理、工等领域的人才的需求愈发明显，国民政府颁布了一系列高教政策，要求大学教育偏重理工科。1931 年，国立清华大学成立了工学院，由时任校长梅贻琦[②] 兼任

---

①　史固华：《雪泥鸿爪九十春》。台北：河中文化实业有限公司，2006 年 8 月。

②　梅贻琦（1889-1962），字月涵，天津人。第一批庚款留美学生，1914 年毕业于美国伍斯特理工学院，1931-1948 年任清华大学校长。

图 1-8　1935 年清华大学机械系教师在北平合影 [前排中间李辑祥（系主任），左二刘仙洲（机械原理），右二庄前鼎（材料学）；其他人已指认不出，记忆中有：殷祖澜（热力学）、殷文友（内燃机）、董树屏（工厂实习），李宗海（工程画）、汪一彪（材料力学）、金锡如（讲师）、史久荣（汽车学）、周惠久（金相学）、毛韶青]

院长，顾毓琇[①]、庄前鼎[②]、施嘉炀[③]分别担任电机工程学系、机械工程学系和土木工程学系的主任。1932 年底，刘仙洲被聘为清华大学工学院机械工程系教授，在他的推荐下，毛韶青于 1933 年 8 月被聘为该系讲师。因此机缘，毛韶青成为清华大学机械工程学系最早的建设者之一，从此开启新的

────────────

①　顾毓琇（1902-2002），字一樵，江苏无锡人。科学家、教育家、诗人、戏剧家、音乐家和佛学家。1928 年毕业于麻省理工学院，获得电机工程专业博士学位。中国电机、无线电和航空教育的奠基人之一。

②　庄前鼎（1902-1962），字开一，上海人。机械工程专家、机械工程教育家。1924 年毕业于上海交通大学，获机械工程专业学士学位；1926 年毕业于康奈尔大学，获机械工程专业硕士学位；1928 年毕业于麻省理工学院，获化学工程硕士学位。

③　施嘉炀（1902-2001），福建福州人。水力发电学家、工程教育家。1923-1928 年获美国麻省理工学院机械工程学士、硕士，电机工程学士，美国康奈尔大学土木工程硕士。

人生历程，追随他的老师刘仙洲的脚步，走上了教育救国的道路。

毛韶青就职于清华大学后，有了稳定的收入，全家也从塘沽迁到北平，住在临近西单的辟才胡同。经过两年的颠沛流亡，毛家的生活终于又安稳下来。

工学院成立后，清华大学为响应政府发展实用科学的号召，把相当一部分经费用于购买实验设备。因此，工学院的实验室配置的都是当时最先进的仪器设备。其中，还有九一八事变前民生机械工厂从美国福特汽车公司订购的汽车发动机和其他配件，这批配件被北平军分会接收，其中两套引擎及配件交付清华大学机械工程系。作为当时国内仅有的几位有汽车制造经验的技术人员之一，毛韶青到清华大学任教以后，他的工作任务之一就是接着制造汽车。清华园中的一切对于他来说都是全新的经历，令他的学识和能力有了真正的用武之地，让他精神振奋，意气风发。在他和史久荣教授主持下，清华师生共同策划配制机件，计划再次制造出汽车来。然而，因为清华大学及整个华北地区在当时都没有成规模的机械制造、加工企业，更没有原来沈阳民生机械工厂的加工、制造能力，所以虽然经过多方努力，但最终只用这些配件组装出了汽车雏形，用于教学和实习。

除了先进的设备，机械工程系的师资队伍也十分强大。教师大都有留学经历，负责机械工程原理、设计、实验和实习等教学任务，课程设置仿照美国康奈尔大学、麻省理工学院，基础课程约占70%。教师还自编教案，内容多采用国际最新研究成果，教学过程注重培养学生扎实的基础和灵活运用知识的能力。

任教清华大学时期，毛韶青和自己最崇拜的老师刘仙洲一起工作，还有机会近距离接触当时中国学识最为渊博的知名学者专家，使他不仅在学术上，更在眼界和精神上都获益匪浅。刘仙洲一生致力于大学工科教育，研究中国机械工程发明史，是中国科学史事业的开拓者。在教育思想上，他主张理论联系实际、学理与实验并重；倡导在学校附设工厂，工厂附设补习学校的"工读协作制"；提出工科和理科合一的工程教育主张。刘仙洲的教育思想对毛韶青产生了很大影响，也成为他后来投身国内工程教育后一直秉持的教育思想。

1934 年 7 月，广东省立勷勤大学（华南理工大学前身）成立。勷勤大学是由当时把持广东军政大权的陈济棠[①]为纪念国民党元老古应芬而倡议创办，得到了广东省政府主席林云陔的大力支持。为保证教学质量，校方聘任教师只讲求资历而不偏重于任何一派，并为教师安心教学提供良好的条件。学校成立之初，在广东省政府的支持下，办学规模迅速扩大。学校下设工学院、商学院、师范学院，其中工学院设四个系，李锦安任机械系主任，李文翔任化学系主任，罗明燏任土木系主任，林克明任建筑系主任。

这所全新的大学吸引了毛韶青的目光。清华园虽好，但工学院里人才济济，毛韶青在其中显得并不突出；加上身处象牙塔的高等学府，与实际生产之间的距离是巨大的。见证了战争的残酷后，毛韶青对中国机械工业制造水平落后的现状深有感触，他希望为国家培养更多的机械人才，改变中国工业的落后局面。然而，对于已有两个孩子的毛家来说，举家迁移到完全陌生的南方生活，并不是一件容易的事情。经过反复思量，在刘仙洲的支持下，1935 年，满怀着为国家培养新型工程技术人才的理想，毛韶青来到广东省立勷勤大学，担任工学院副教授及机械厂主任。

然而就在第二年，广东政局发生变化。因为国民党的派系之争，学校的办学经费短缺，仅能维持日常的校务开支，一时间各种教学建设转入低潮，正常教学无以为继。学校状况的变化之快出乎毛韶青的预料，军阀派系之间的斗争更令他厌恶。此时，毛家迎来了第三个孩子，作为一家之主的毛韶青不得不寻找新的出路。恰逢此时，他得知重庆大学正在招聘教师。

1935 年 8 月，胡庶华[②]被任命为重庆大学校长，他对学校的组织机构进行了调整，在原来的文、理、农三个学院的基础上增设工学院，由留德

---

① 陈济棠（1890–1954），字伯南，广东防城港（今广西防城港）人。粤系军阀代表，中国国民党一级上将。

② 胡庶华（1886–1968），湖南攸县人，教育家，冶金学家。1920 年毕业于柏林矿科和工科大学。曾任重庆大学、同济大学、湖南大学校长。

归国的周均时 [1] 担任工学院院长。为加强新建学院的教学力量，重庆大学在国内招聘富有教学经验的教师。[2] 这个机会对于毛韶青来说无异于雪中送炭，凭借优秀的学历和工作经验，他被重庆大学聘为工学院教授。1937年初，毛家再次踏上举家搬迁之路，他们从广州坐海船经香港到上海，再换江轮到达重庆。在重庆，毛家的生活趋于稳定。毛韶青倾心教学，致力将老师刘仙洲的工程教育思想发扬光大。

在这座位于中国腹地的美丽山城中，毛家的四个孩子度过了童年时光。对于毛二可来说，重庆是他记忆中的"故乡"，也是他扬帆远航的起点，更是他奋斗事业的启蒙之地。

（我）对重庆印象很深。整个幼年差不多十年的时间都在重庆，所以我觉得自己是在重庆长大，在北京接受教育。（在重庆）没有颠沛流离的感觉，生活还是很稳定的。（在重庆）结识了很多朋友、同学，甚至一些小学同学现在还有联系。[3]

---

[1] 周均时（1892-1949），字君适，原名周烈忠，四川遂宁人，数理学家。毕业于德国柏林工业大学，著有《高等物理学》《弹道学》等著作。1949 年 8 月 20 日被国民党逮捕，11 月 27 日在重庆渣滓洞松林坡就义。

[2] 重庆大学校史编写组：《重庆大学校史》。重庆：重庆大学出版社，1992 年，第 33 页。

[3] 毛二可访谈，2017 年 5 月 25 日，北京。资料存于采集工程数据库。

第二章
战争中成长

智 趣 童 年

在毛二可的童年记忆里，大多数的影像是在重庆沙坪坝生活时的点点滴滴。这些点滴，又与战争的炮火交织在一起，成为毛二可整个童年至少年时期生活中最深刻的印记。

图 2-1　重庆大学沙坪坝校区 2 号院

经过月余的辗转，毛二可全家终于安全到达位于沙坪坝的重庆大学校园，住进学校安排好的教工宿舍。宿舍位于现今重庆大学校门附近，是一座二层楼房，毛家和另一位教授合住在这里。对于在广州生活了两年的一家人来说，重庆实在算得上

图 2-2　1938 年 4 月 4 日，毛二可（前排右一）与托儿所的
小朋友们合影

方便和舒适，全家很快适应了这里的生活。毛大可和毛二可进入学校开办的托儿所，父亲毛韶青也很快投入到工学院的教学工作中，一家人的日子逐渐步入正轨。

　　然而，平静的生活并没有持续多久。1937 年 7 月 7 日，日本发动了震惊中外的七七事变，实行全面侵华战争，中国人民全面全民族的抗战由此拉开了序幕。

　　七七事变发生后，日军开始向平津地区发动进攻，北平、天津沦陷，华北大部分地区也相继失守。8 月 13 日，淞沪会战爆发，三个月后上海沦陷。在南京遭受巨大威胁的形势下，国民政府决定迁都重庆。

　　山城重庆作为四川盆地的门户，扼守长江三峡天险，背靠大巴山。山势重峦叠嶂，地势蜿蜒崎岖，是天然的御敌屏障，宜于战时防空和生产；三面环水，紧邻长江、嘉陵江，有舟楫之利。重庆不但是我国西南地区的交通枢纽，还是西南地区的工贸中心。1937 年 11 月 20 日，国民政府发表迁都重庆的宣言；同时，位于南京的国立中央大学迁来重庆沙坪坝，借用重庆大学的校舍办学。

　　然而，战火很快就蔓延到重庆。1938 年 2 月开始，日军轰炸机对战時首都重庆进行了长达五年半的战略轰炸，史称"重庆大轰炸"①。虽然沙坪坝地处郊区，但因为一些从川外迁来的兵工厂设在此处，所以也受到了比较集中的轰炸。那段时间，与所有重庆人民一样，"跑警报"成为毛二可一家生活的日常。万幸的是，虽然在轰炸中损失了一些财物，但毛家没有人受到伤害。这段幼年躲避日军轰炸机的经历，让毛二可记忆深刻。

> 抗日战争时期，"跑警报"是经常发生的。警报期间大家也要吃饭，妈妈就回厨房赶紧做，做完了带回防空洞给大家吃。我们上课也是这样，警报来了就赶紧回家，和家人一起去防空洞。有一段时间日本飞机天天来，基本上一个礼拜都没有解除警报，飞机轮番来轰炸。记得有一天晚上，警报响了，我们离防空洞还比较远，等我们跑到了以后就解除警报了。然后我们就往回走，可走到半道上，又响起了紧急警报。没办法，我们只好马上躲到一个大树底下，我看到飞机从我们脑袋顶上飞过，地面探照灯马上打上去，周围就响起炸弹的爆炸声和高射炮的射击声。我那时还是很害怕的，所以现在印象比较深。②

在漆黑的夜晚，震耳欲聋的爆炸声、高射炮和机关枪的扫射声、房屋的倒塌声、人们的喊叫声以及飞机坠落时发出的划破天际的尖啸声，交织在一起，如同天崩地裂，仿佛末日即将到来。这样的景象，给年幼的毛二可留下了难以磨灭的战争阴影，他痛恨日本侵略者，向往国家富强、民族振兴的美好生活。

日本侵略者的野蛮轰炸给重庆造成了巨大的人员伤亡和财产损失，但敌人的轰炸、战争的煎熬、生活的苦难并没有打垮坚韧的重庆人民，

---

① 据不完全统计，1938年2月18日至1943年8月23日，日本对重庆进行轰炸218次，出动9000多架次飞机，投弹11500枚以上。重庆大轰炸的死难者达10000人以上，超过17600幢房屋被毁，市区大部分建筑被破坏。

② 毛二可访谈，2017年5月25日，北京。资料存于采集工程数据库。

他们以顽强的意志和坚定的信念，展开了一场轰轰烈烈的反空袭斗争。为了及时发出警报，让民众有时间躲避空袭，人们想了很多办法：在工厂区利用汽笛声发警报，一般警报、紧急警报和解除警报分别采用不同的声音，方便人们判断；利用重庆多山的地势，在山顶竖起挂有气球的旗杆，气球降下来就表示紧急警报，解除警报后旗杆上再升起一个绿色的气球。

即便在战火中，重庆大学仍然坚持办学，教学工作在师生们的努力下艰难维持着。

1938 年秋天，国立中央工业专科职业学校（简称中央工校）从南京迁往重庆，在沙坪坝石门坎重建。中央工校是由国民政府创办的一所全国示范性工业职业学校，目的是培养中高级工业技术人才，以加强国家工业实力，推进职业教育发展。1937 年，中央工校在南京开学，是战时全国公私立工业职业学校中系科最完善、办学层次及形式最多样的工业学府。迁往重庆后，在新任校长魏元光 [①] 的领导下，中央工校的运转很快步入正轨。学校非常重视师资队伍的建设，竭力聘请既有较高学历又有工作经验的教师。

中央工校的办学思想和为国家培养专门技术人才的办学目标，非常契合毛韶青的教育理念，综合考虑下，他决定到中央工校工作。1939 年，毛韶青成为中央工校机械工程科主任兼机械工程部主任，全家人也从重庆大学搬到中央工校在沙坪坝蕉园 1 号的宿舍。

由于中央工校刚搬迁到重庆，居住条件颇为简陋。毛家的新家在一个距离重庆大学不算太远的小山头上，周围是一片农田，宿舍区只有两栋房子，一共住着四家人，除了毛韶青一家，还有电机科主任、土木科主任和化工科主任的家眷。房屋的建筑材料以木头架子和竹子为主，外部用泥土和白灰混合后刷墙，这与毛家在重庆大学的居所差距极大。

搬到中央工校后不久，在一次轰炸中，一枚炸弹刚巧落到了毛家的

[①] 魏元光（1894–1958），字明初，中国近代著名工业教育家。1922 年获美国赛罗科斯大学理科硕士学位。历任直隶公立工业专门学校教员、校长，河北省立工业学院院长，国立中央工业职业学校校长，重庆国立中央工校校长。

宿舍楼，房屋瞬时被夷为平地，所幸没有人员伤亡。由于没有像其他邻居一样提前把家中财物埋在地下保存，毛家的生活物品几乎全都被毁。无奈之下，一家人只好用木板搭了一间"简易房"作为临时住所，吃饭则是在其他教师家里。即便遭受了这样大的变故，全家人也没有怨天尤人，但父亲毛韶青对此十分后怕。考虑到日军对农村的轰炸较少，为了家人的安全，毛韶青在重庆郊区一个叫新店子的村子里租下一间民房，把家人暂时安置在那里。就这样，全家人在新店子村度过了两个月的平静时光，这段日子也给毛二可留下了深刻印象。在沙坪坝时，毛二可一直生活在校园里，在新店子村的两个月，他第一次体验到农村生活。每天，毛家兄弟三人都要跑到田地里玩耍，有时还和村民们一起种地，体会农村生活的酸甜苦辣。

虽然战争年代的生活十分艰苦，但毛二可觉得，自己的童年有滋有味，丰富多彩。他记得，每到星期六，重庆大学操场上都会播放美国的纪录片，先进的航空母舰和飞机给年幼的毛二可留下了深刻印象。

1939 年春天，五岁的毛二可考入中央大学重庆大学附属小学（现南京大学附属丁家桥小学）学习，这所小学由中央大学附属小学（此前随中央大学从南京迁往重庆）与重庆大学附属小学合并而成。曾和毛二可是小学同班同学的蔡胜祥回忆，从小学一年级开始，他们两人就相识，由于两人的父亲在留法期间也是同学，两代人经常往来。在蔡胜祥的记忆里，小学时期的毛二可个子不高，但跑得很快，经常在学校的运动会上参加 200 米短跑比赛。除了在运动上的天赋，毛二可的勤奋用功也给蔡胜祥留下了深刻印象。

> 毛二可小时候，学习非常用功，踏踏实实，勤勤恳恳。他是一个很老实的人，我也如此，但是他比我还要老实一些，而他的哥哥和弟弟就要活跃些了。①

---

① 蔡胜祥访谈，2017 年 9 月 26 日，重庆。资料存于采集工程数据库。

结缘无线电

    毛大可与毛二可虽是亲兄弟，但两人性格迥异。毛大可自幼性格开朗，胆子大，弟弟毛二可出生以后，毛大可更是有了作为大哥的自觉，凡事都能自己做决定，很有魄力。毛二可的性格比较内向，容易害羞和腼腆，也不爱说话。小时候的毛二可喜欢跟在哥哥身后，兄弟俩形影不离。

    当时的沙坪坝还是重庆的郊区，除了几所高校外，周围皆是典型的中国农村景象。学校院墙外就是大片的田地，还有茂盛的树林和湍流不息的嘉陵江。这样的环境，对于活泼好动的男孩来说，简直就是玩耍的天堂。

    哥哥会游泳、做玩具、射弹弓，我们那时候还用弹弓打鸟。小时候的我，跟着哥哥爬树摘柚子，但是我胆小。我记得小学二三年级的时候，我们出去玩，家里面父母也不太管，肚子饿了我们才回家吃饭。那时候的小男孩经常玩的一个游戏就是打弹子玻璃球，还有滚铁环。市场上买不到铁环，我父亲是搞机械的，工厂里有这些材料，我就问父亲能不能帮我打个铁环。有了铁环，我们玩得就很高兴……总的来说，小男孩淘气什么都敢干。现在想起来，童年的生活真是无拘无束。[1]

    对于毛二可来说，哥哥对他的影响很大，虽然父亲在机械工程领域颇有建树，也非常关心孩子们的学习，但真正影响毛二可走上无线电学术道路的却是他的哥哥毛大可。

    毛大可在重庆私立南开中学（现重庆南开中学）读初中二年级时，在物理课堂上接触了无线电的知识，对此颇感兴趣，还自己动手做电磁实验。

    20 世纪 40 年代的中国，无线电还是非常高端的技术，电话、耳机、收音机等物件更是价格昂贵，十分稀有。虽然毛家的经济条件并不算富

---

[1] 毛二可访谈，2017 年 5 月 25 日，北京。资料存于采集工程数据库。

裕，但父亲得知自己的孩子对无线电感兴趣后，非常支持，甚至花重金给毛大可买了一副耳机。

> 父亲一向很支持我们做研究。比如我们搞无线电，家里头再困难，他都鼓励我们，从不说家里没钱、这个东西不能搞。我读初二的时候，同班的同学有矿石机（一种收音机），戴上耳机就能听广播了。因为南开中学隔壁就是原来国民党的国际电台，天天晚上广播，信号很强。那个时候，我对父亲说，我想买一个耳机。抗日战争时期，家里条件那么困难，但父亲还是花钱去买了，还是托人买了给我。
>
> 有了那个耳机，我们搞了很多事情，这也是我无线电领域的入门。最后甚至因为这个（耳机），一直就学电了。这一点让我非常感谢我的父亲。当时一个耳机非常稀有，比现在的一个电脑还稀有哩。我这一生之所以搞电，可能是因为这个事情对我的影响很大。[①]

虽然耳机在当时是非常稀罕贵重的物件，但毛大可大方地把这个神奇的新玩具和毛二可一起分享，兄弟俩开始想尽一切办法搞各种零件来"玩"。那时候不仅无线电设备昂贵，各种元器件也是价格不菲，兄弟二人就一起攒钱，再跑到旧货市场去"淘货"。国民政府迁都重庆后，许多兵工厂维修厂也随着搬到重庆，这正好给了小小少年们一个搞到紧俏"军需物资"的契机。重庆市有一条街叫官井巷，集中了专门买卖电子产品的商铺，也是一个倒腾新旧电子产品的交易市场，许多二手元器件都能在这里找到。官井巷成了毛家两兄弟课余时间最常光顾的地方，沙坪坝离城里二十八公里，毛二可和哥哥为了省钱买器材，都是走路进城，一走就是三四个小时。在官井巷，他们从美军、日军的电子废品中，从各种小地摊中，翻找出漆包线、螺丝钉、废弃的电子管等能用上的东西。回到家后，他们将漆包线一段段地整理出来，将杂乱的线路用电线拼接出一二十米，连上耳机，做了"土电话"。小哥俩每天除了上学、做功课，课余的

---

① 毛大可访谈，2017年9月20日，重庆。资料存于采集工程数据库。

图 2-3 位于重庆市中心解放碑附近的官井巷

所有时间都用来做电话，经过多次实验，耳机能够成功地听到对方讲话了。在那个电话还未普及的年代，这些神奇的电磁现象让兄弟二人兴奋异常。

兴趣是最好的老师。电磁实验初获成功后，毛二可感觉找到了自己的兴趣方向，并开始了之后更深入的探索。等到毛二可也考入重庆私立南开中学，兄弟俩更是成了志同道合的"无线电玩伴"。

就这样，小学生毛二可在初中生毛大可的带领下，开始了对电磁最初的研究探索。回忆起这段钻研无线电的快乐时光，毛二可记忆犹新。

旧电阻、旧电容这些零件，当时需要自己进城去买。买零件往往一去一整天，但我们觉得挺高兴，连吃饭也都是随便买一点吃。那时候我们能进城的时间就是礼拜天，因为礼拜六还有半天课。

我觉得那时候很自由自在，挺高兴的。研究收音机、安装无线电、缠变压器这些事，我个人感觉收获比较大。这也是我后来一直想学电的原因。就是从那时开始，我觉得这个（无线电）很好玩，自己特别感兴趣。通过自己搞变压器、整流器，对这个（无线电）的理解、感性认识就比较强了，对后来的学习也很有用。因为电这个东西实际上是摸不着的，但是不断积累，就会有一些感性的认识。比如欧姆定律，如果你看公式，它就那么一个公式，但如果你去做实验就知道为什么电压多高、电阻多大。这些我在当学生的时候都懂了，而且会用变压器，圈数多少、线用多长等问题，我也主动去查手册，所以这些必需的、最基础的知识我早就都学会了。①

对于毛二可来说，无线电为他开启了一个全新的世界，里面充满了各种未知等待他去探索，这令他十分着迷。他第一次意识到，通过自己的双手和大脑可以超越周围环境的局限，探索遥远而神秘的未知世界。

在玩耍中，毛二可逐渐从给哥哥打下手，到慢慢地有了自己的想法，开始帮着哥哥出谋划策。兄弟二人还用耳机、二极管等制作了简单的矿石收音机。因与重庆电台相隔不远，通过自制的矿石收音机，电台广播的声音通过电波就在他们的耳边响起。多年之后，从自制的收音机里听到的内容他们已经忘记，但自己动手做实验并获得成功后的激动心情记忆犹新。也正是从那时开始，无线电这个儿时的"玩具"，就伴随着毛二可的生活再也没有离开过，并成为他一生的追求。

南 开 时 光

1945 年 7 月，11 岁的毛二可小学毕业，考入重庆私立南开中学。

南开中学肇始于天津。创办人张伯苓原为北洋水师见习军官，目睹甲午战败后，立志教育救国，遂弃武从教。1904 年，张伯苓在好友严修的支持下，创办新式私立中学堂。1907 年，学堂迁往天津城南开洼，因此被命名为"南开中学"。九一八事变后，华北形势日益危急。为了实现教育救国的理想，并保证教育工作不因时局变化而中断，已过天命之年的张伯

---

① 毛二可访谈，2017 年 5 月 25 日，北京。资料存于采集工程数据库。

苓校长把南开学校办到全国各地，除已在天津建成的南开中学和南开大学外，还计划另在四川、上海、东北各添办一所中学。1935年11月，张伯苓赴四川考察，"以交通便利故"选址重庆沙坪坝，校名"南渝"取南开与重庆结合之意。1936年9月11日，重庆私立南渝中学正式开学。1938年12月，南渝中学更名为重庆私立南开中学。1952年12月，学校由私立改为公立。南开中学秉持"允公允能，日新月异"的校训，以培养高层次、高素质、创新型人才为方向，培养了许多优秀学生，被誉为"人才的沃土，院士的摇篮"。

毛二可进入南开中学时，抗日战争已接近尾声。1945年9月，日本宣布无条件投降。随着抗战的结束，毛家人的生活逐渐好转，孩子们的生活重心逐渐转向了求学。

在抗日战争时期，上学需要缴纳不少学费，加上国民党统治时期，钱币严重贬值。为持续发展高等教育和初级教育，民国政府教育部建立贷金制度，为家庭陷入战区的学生提供助学贷款。尽管毛二可的父亲在大学任职教授，一家人生活尚可，但在抗日战争的大环境下，靠薪水能让整个大家庭填饱肚子、过上比较体面的生活，实属不易。南开中学是当时教育水平和教学条件最好的中学，每年的学费不是个小数目。毛二可和哥哥都就读南开中学时，每学期要缴纳的学费就成了家里一笔不小的负担。作为知识分子的父亲深知教育的重要性，所以拼尽全力给孩子们提供最好的教育条件。为了给孩子们筹集学费，毛韶青不惜四处借贷。"拼了命也要把你们送到南开去"，在毛大可和毛二可的记忆里，父母不止一次地这样对他们说。

南开中学对学生的管理颇为严格，每个周六下课后才允许学生出校，周日晚上又要回到学校。学校食堂的伙食比较简朴，主要是大锅菜和糙米饭，能够吃一点馒头便是极为奢侈的事情了。母

图2-4 建校初期的重庆私立南开中学大门

亲对此非常心疼。按南开中学的规定，下午三点半以后是自由活动时间，其间允许家属探望。每当这时，母亲都会把在家里做好的饭菜给孩子们送到学校，以改善生活。

南开中学的教学模式主要借鉴美国，与中国的传统教育区别很大。学校师资优秀，很多教师都有国外留学的经验，也正因此，学校十分重视学生的外语能力。从初中一年级开始，在英语课堂上，教师上课完全用英文，学生们也全部要求用英文对话；英文课每周五节，每节课一小时；每天早自习，学生们都要朗诵英文。

南开中学的教学设备丰富完善，而且十分先进。教学上提倡课外、课内相结合，旨在培养学生的兴趣和自主学习的能力。学校拥有化学、物理、生物等实验室。在生物课堂上，学生们能够自己制作各种植物标本，再通过先进的显微镜观察这些植物的表皮细胞，最终形成实验报告；在化学课堂上，学生们可以在实验室利用滴管和滴液做实验；在劳作课上，学生们可以用学校提供的工具，制作自己感兴趣的物品……在理论知识与动手实验相结合的教学模式下，南开中学的学生们对各门学科有了更深入、

图 2-5　1945 年毛二可重庆私立南开中学学生调查表

更感性的了解，也培养了他们对科学的自主研究能力，为创新性思维的形成和发展提供了基础。

毛二可记得，在南开中学时期，教授他物理课程的是一位来自重庆大学的教授，这位教授水平颇高，讲课也比较发散，从自由落体到物理方程、从加速度到进动章动以及一些电学的基本规律。

音乐课也给毛二可留下了比较深的印象。南开中学的音乐课主要教授声乐、乐器、乐理、西方音乐等，其中，音乐教师

图 2-6　中学时期的毛二可

阮北英[①] 在当时颇有名气。每次音乐课，阮北英先教学生们"练嗓子"，练完再教唱一些歌曲，主要是欧美国家和中国的古老民歌，还有抗战歌曲。

南开中学对学生的体育教育十分重视，近乎严苛。别的课不及格还有补考的机会，但体育课在学校是"一票否决制"，无法补考。这样的政策让学生们丝毫不敢懈怠，每天晚上，南开中学的操场上都是跑步锻炼的学生。除了跑步，毛二可还经常和同学去嘉陵江游泳，他自嘲说自己的泳姿并不标准，但并不在意，主要就是为了锻炼身体。

> 长大一些后，我在南开中学上学，就去嘉陵江游泳。因为那时候都住校，下午上完课大家就去游泳，游完再回校吃饭。先游过嘉陵江，再游回来，十几岁的年纪，体力好。[②]

中学时养成了坚持锻炼的习惯，让毛二可有了健康的体魄，并因此受用终身。此后，他也一直坚持锻炼身体，年纪大了以后还经常跑步、爬

---

① 阮北英，字庆莱，1906 年生于山东聊城。1928 年毕业于国立上海音乐学院，毕生在音乐教学领域辛勤耕耘，为国家培养了众多音乐人才。

② 毛二可访谈，2017 年 5 月 25 日，北京。资料存于采集工程数据库。

山，以保持身体健康和精力充沛。

南开中学的管理非常严格。时任校长喻传鉴 [①] 对教师授课和学生学习要求得十分严格，他每天都要到各个年级审查学生情况和教师情况。除了学习方面，生活方面也要求严格，起床后要做早操，早上要升旗。

更重要的是，学校非常重视学生的爱国主义思想教育。学校的创办人张伯苓就是著名的爱国人士，校长喻传鉴对校训"允公允能"的解释就是培养学生的爱国心和爱国力。不管是天津南开还是重庆南开，爱国都是其核心教育理念。在国文、历史、地理的课堂上，老师们都会向学生进行爱国主义教育，连音乐课上学习的大部分都是抗日救亡歌曲。每周，学校都会在大操场组织教育活动，集中学习爱国思想，学校还不定期邀请经济、政治领域的科学家、社会名流来校做讲座。

在南开中学，教师们的思想也颇为进步。在毛二可读书期间，有一次，国民党特务进学校抓教师，张伯苓竭力保护，学生们也闻声赶来，将特务包围。重压之下，特务只得退到校门外。在这样一所充满爱国热情的学校，毛二可耳濡目染，少年起就立志要为国家、为人民努力学习。

学校的文化活动也十分丰富，学生们成立了辩论队、报纸杂志团体、音乐团、话剧团、体育队等。在学校的鼓励和支持下，学生们自己办起了校报——《公能报》。没有印刷条件，学生们就用手抄的形式，然后在校内张贴，校报内容多是校园生活和国家大事。话剧团也会经常演出一些进步剧目，丰富师生们的文化生活。

南开中学培养了一大批人才，其中一个重要的原因就是学校能让你发现自己的特长和兴趣，把特长和兴趣联系在一起。一个人有了特长，干得好就有成就感，也就有兴趣，才能够在一个领域深入研究。我个人觉得，南开中学的这种教育方式就是为了培养创新型人才，给学生提供不断创新、不断追求、不断提高的机会。所以我觉得，培养人才是要给他创造一个条件，让他能展示各个方面的才华，让他自己

[①] 喻传鉴（1888-1966），浙江嵊州人。他是南开中学的第一届学生，曾任南开中学教务长、重庆私立南开中学校长。

越干越有劲儿，越干越有成就感，这样才能人尽其才。

　　培养一个人的兴趣很重要。所以我常常认为，是重庆私立南开中学老师们的启发式教学，以及学校创造的各种条件，鼓励把每个学生的兴趣和特长充分地调动起来的教学方针，使我从被动学习转变为主动学习。可以说，南开中学的教育决定了我之后一生的学术发展方向，使我找到了自己的兴趣所在。所有这些，都离不开张伯苓老校长的办学思想和南开中学老师们的辛勤教导。①

小无线电专家

1946 年 6 月，解放战争爆发了。

　　此时，毛二可的父亲毛韶青正准备赴美考察，学习美国在工程技术方面的人才培养模式。临行之际，时任热河省主席刘多荃②找到他。原来，国民党军队占领承德（当时的热河省会）后，急需懂技术、有经验的专家搞建设。刘多荃与毛韶青算是旧相识，知道毛韶青是机械工业方面的专家，希望他能够回家乡搞建设。毛韶青离开家乡已经十几年，其间一直没能回老家看看，对故乡的眷恋、对亲人的思念，以及希望用自己的学识为家乡建设尽一份心力的单纯想法，让毛韶青接受了刘多荃的邀请。然而，在那个动荡的年代，这个仓促的决定让他以及全家在后来的日子付出了沉重的代价。

　　回到热河的毛韶青被任命为国民党热河省建设厅厅长及国民党省党部副主任委员，工作地点在承德。1946 年 8 月，全家也随之离开重庆，搬回北方，定居北平。

---

　　①　毛二可访谈，2017 年 5 月 25 日，北京。资料存于采集工程数据库。
　　②　刘多荃（1897–1985），字芳波，辽宁凤城人，国民党陆军上将。1923 年毕业于保定陆军军官学校。曾参与西安事变。1941 年 12 月至 1948 年 2 月任热河省政府主席。

图 2-7　北京市第四中学的校门

　　9 月，刚到北平不久的毛二可和哥哥，在父亲的安排下作为插班生进入北平私立北方中学（简称北方中学）读书，毛二可读初中二年级。北方中学在环境、教学、住宿等各方面条件都不及南开中学，且学校离家较远，兄弟两人只能寄宿在学校。由于宿舍床位紧张，两兄弟每晚只能在宿舍的通铺相依而眠。后来，父亲给毛大可买了一辆自行车，每天毛大可骑车载着弟弟往返于学校和家里。

　　1947 年 2 月，北方中学解散，毛二可转学到北平市立第四中学校（简称北平四中，现北京市第四中学），毛大可转入辅仁中学就读。

　　北平四中创建于 1907 年，初名为顺天中学堂，由时任清朝顺天府（即今北京市）凌府尹福彭倡议兴建；1912 年，更名为京师公立第四中学校；1928 年，改名为北平市立第四中学校，此后，进入重要变革时期。学校对外语、文理分科、必修选修科和学分制进行探索，逐步形成了民主、自制、勤学、刻苦、严谨、朴实的校风；同时，增建教室、礼堂、实验室和操场，使得学校的办学条件和规模有了极大提升。学校教师治学严谨，教学成绩优异，拥有很多知名的老师，比如教数学的马文元、教物理的李直钧、教化

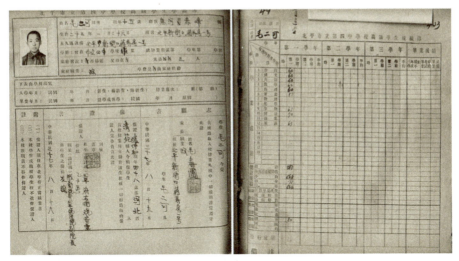

图 2-8　毛二可在北平市立第四中学校的学籍表和成绩簿

学的刘景昆等。在当时，北平四中是一所知名中学。秉承校长王道元[①]"学科学、学实践、学做人"的教育思想，学校崇尚民主和科学，是一所以理科见长的重点中学。学校教学严格、师资丰富，与南开中学相差无几。

与南开中学的美式教育模式不同，由于受国外影响较小，北平四中的教学更偏重中国传统的教育方式。在新的学校，毛二可很快结识了新朋友，结下了深厚的友谊。每逢周末，毛二可便和同学们结伴玩耍，夏天去护城河游泳，冬天在什刹海滑冰，度过了一段难忘的初中时光。同时，他和哥哥也没有中断对无线电的热爱。有一年冬天，毛大可到承德去看望父亲，还不忘顺便到日本人留下的仓库里去找有用的元器件。

然而，时局越来越动荡。1948 年，解放军发起冀热察战役，向热河西部、河北东部挺进，在河北、热河、察哈尔三省边界地区及平汉路北段展开运动战，牵制国民党从华北抽兵增援东北。其间攻克多处城镇，并在东北野战军的配合下切断平承路、截断北宁路，对承德形成了包围态势。在这般情境之下，毛韶青受命前往重庆，全家也一起离开北平回到重庆。

---

① 王道元，字画初，直隶安州人，京师大学堂首届毕业生。1912 年 9 月 29 日，京师顺天中学堂改称京师公立第四中学校，王道元由京师学务局任命，任首任校长。后人尊王道元为四中"奠基人"。

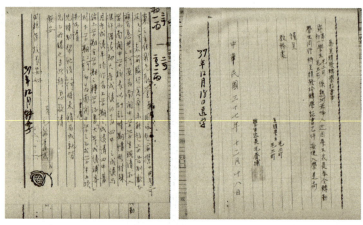

图 2-9　毛韶青致秉之关于请北平四中为毛二可开转学证书及成绩单的信

　　1948 年 8 月，对国民党失望的毛韶青辞去职务，回到中央工校任教。为了几个孩子的学业，他专程到南开中学协商，最终校方同意毛家的三个儿子以转学的方式回到南开中学就读。这一年，毛二可的妹妹毛四可出生。

　　1949 年 2 月，毛家的三个儿子重新回到南开中学，毛二可读高中一年级。在毛大可的带动下，毛二可加入了学校业余无线电协会——中国业余无线电学会南开分会（简称无线电协会）。协会成立时间较早，由南开中学喜欢无线电的学生组成。学校很重视这个协会，在校舍十分紧张的条件下，还是在音乐教室旁边专门给无线电协会安排了一个工作室。协会的主要活动是在业余时间自制各种收音机，也会举办展览会，宣传无线电知识。

　　那时候在无线电协会，大家都是自己干自己的，没有老师指导，也没工作计划，有时候高年级同学指导低年级同学，但基本上还是靠自己，当然我是靠着我哥哥领我入门。在协会里，我什么都做，电烙铁坏了自己缠、自己修；电流表灵敏度不够，我就把表拆下来，用细漆包线绕线圈，灵敏度就高了，串上一个电阻就变成一个万用表。收音机需要电源，当时电池很贵，我们就自己做交流电和变压器。[1]

————————

① 毛二可访谈，2017 年 5 月 25 日，北京。资料存于采集工程数据库。

图 2-10 毛二可在重庆私立南开中学的学生证

通过无线电协会的活动，毛二可对物理，尤其是对电学的兴趣更浓了。他开始自己思考，查阅参考书。物理课上，毛二可将老师的讲课内容与课外活动联系起来，深入理解了老师讲授的课堂内容的实质，再根据学到的知识来指导自己做实验。后来，因业务能力强，毛二可还当上了无线电协会的会长。这一时期，毛二可的课余时间几乎都花在了无线电这个兴趣爱好上，乐此不疲。这种边学习、边实践的知识积累过程，使毛二可深刻理解了无线电的基本原理，为他后来的大学学习打下了扎实的理论基础。

新中国成立后，各类群众大会在全国各地纷纷召开。一次，刘伯承在南开中学的操场作报告，当时学校的扩音器设备就由无线电协会负责。报告开始前，毛二可和无线电协会的同学们一起到学校操场给扩音器拉电源，安装喇叭和话筒，然后测试音效，听报告的时候还要随时关注扩音器的效果。因为做得多了，这些事情对毛二可来说驾轻就熟，但他每次都乐此不疲，觉得很有成就感。当时，南开中学有自己的校内广播，利用每天的吃饭时间播送一些新闻和宣传信息，毛二可和无线电协会的同学就轮流值班。这些难忘的经历让毛二可深切感受到，自己平时积累的电学知识有用武之地，也让他对这些装置的原理愈发清晰，在思考问题时也能更加具体。

毛二可在科学研究上的执着和勤奋，奠定了他的无线电理论和实践基础。对此，南开中学的同学兼好友蔡胜祥评价说：

毛二可做事特别踏实、勤恳。广播室的工作很枯燥，但他可以一整天就埋头在那儿修理那些东西，直到把它们搞好。他从小数学就比较好，对物理也感兴趣，而且见识广泛，能够很好地解释各种物理现象。这一方面有他哥哥的启发，另一方面就是他个人的具体实践活动了。在实践活动里，他能够了解很多原理，发现很多问题。为了解决这些问题，他经常深入其中，动手钻研，如此一来，兴趣也随着实践越来越浓厚。在科研中，他能够沉静下来，踏踏实实、安安心心、心无旁骛地钻研，不浮躁、不为花花世界所动。这是他能够成长起来的一个重要因素，也是他成为一个有如此大贡献的科学家的一个重要原因。[1]

图 2-11　毛二可在重庆私立南开中学的高中毕业证书

南开中学的高中教育相当严格，学校从高一开始就实行末位淘汰制，每年都会刷下一波学生。毛二可这一届，从高一 5 个班，到高二缩减成 4 个班，高三只有 3 个班。尽管毛二可初中毕业于知名的北平四中，但他进入南开以后，高一上学期的平均成绩仅为 67.3 分。经过努力学习和老师们的教导，他的成绩逐年上升，到高三毕业时平均成绩提高了近 10 分。

毛二可的高中成绩在昔年的南开中学学生中颇具代表性，各门功课（包括文理科和体育等）都均衡全面发展，同时又有重点突破：毛二可高三时各门功课都在 70 分以上，而他特别爱好的物理及实验课毕业时的成绩为 93 分，高三时他的物理还得过 100 分。这不仅表明他对高中物理学科知识理解透彻，而且实验操作能力也达到优秀水平。当时，大多数的南

---

① 蔡胜祥访谈，2017 年 9 月 26 日，重庆。资料存于采集工程数据库。

开学生的成绩与毛二可类似，即各门学科成绩在中等以上，其中有一两门科目比较优秀，成为以后深入发展的方向。毛二可所在的年级现有联系的314名同学中，已有202人获得高级职称；在270位接

图2-12　2017年9月19日，毛二可（右）和毛大可在重庆南开中学校史馆的喻传鉴校长塑像前合影

受问卷调查的南开学生中，后来其成就与在校爱好呈正相关的有158人。这表明，南开中学注重培养学生兴趣爱好的素质教育理念颇有成效。

　　毛二可的高中成绩属于中等水平，因此他认为自己既非神童，也不是天才，而是经过后天的勤奋努力才取得了今天的成绩。

第三章
大学军工梦

华北大学工学院

新中国成立后，国家在抓紧恢复和发展经济的同时，对旧有的教育制度也开始进行陆续改造。1950年，教育部发布《高等学校一九五○年度暑期招考新生的规定》，这是新中国成立后，第一次有领导、有组织、有计划地进行高等学校招生工作，此后，全国统一招生工作逐步纳入国家计划。[①] 根据中共中央关于"保护一切公私学校"和"暂维现状，即日开学"的指示精神，当年全国201所公、私立高校中，有73所实行统一或联合招生。

1951年，华北大学工学院在《人民日报》上刊登招生简章，这是该校迁到北京后第一次招生。这则招生简章吸引了许多人的注意，因为除了一般大学都有的专业设置、入学条件和学生要求以外，华北大学工学院还为

---

① 宋葆初：新中国高校招生50年大事记（一）。《中国高校招生》，2000年第3期，第21—22页。

学生提供"供给制"助学——不仅免去学生的食宿费用，每年还会给学生发一套棉衣干部服、两套单衣干部服，每个月还有六元钱的补助。中华人民共和国成立初期，全国大多数家庭的经济条件都不富裕，供养一个大学生的费用无疑是一笔不菲的支出。华北大学工学院的这项特殊政策，吸引了许多学生前来报考，据统计，1951年暑期全国统一招生中，报考该校的学生有4300余人，其中第一志愿考生的人数占全国报考工科院校考生的11.7%，这直接导致当年华北大学工学院的平均录取成绩在全国工学院中名列前茅，甚至超过了清华大学。

毛二可和同学们听闻这个消息后，都觉得这是个难得的好机会。一方面，华北大学工学院是一所由中国共产党创办的大学，学校坚持"教育必须为国家建设服务"，高等学校必须"与国防、经济、政法、文化等建设事业密切结合，培养各种建设人才"的总要求，为新中国建设输送英才。另一方面，在国家大力发展重工业的指导下，华北大学工学院完成了与中法大学的合并，初步建成专业配套比较齐全的重工业大学，专业设置主要围绕重工业人才培养目标，设有机械工业、汽车工程、电机工程、化学工程和冶金等专业。对于毛二可来说，学习电学相关的专业一直是他的兴趣所在，加上在经历了全国解放后，他对革命事业十分向往，因此，华北大学工学院正是他追求思想进步和学业发展的完美结合；再加上学校实行的"供给制"助学政策，更打消了毛二可上学的后顾之忧。

由于重庆刚解放不久，还不具备进行统一考试的条件，华北大学工学院在重庆根据高中成绩选拔优秀学生。负责招生的老师看过毛二可的成绩单后，同意他先去北京报到，然后再参加考试，根据考试成绩决定读本科或专科。

对于毛二可去北京读书的选择，父母也表示支持。于是，毛二可和其他三名同学一起，先从重庆坐船到武汉，再坐火车去北京。华北大学工学院的入学考试包括口试和笔试，试题由中法大学教授制定，难度很大。尽管如此，成绩一向优异的毛二可顺利考入了本科班，正式成为华北大学工学院的一名学生。1951年8月18日的《光明日报》登载了"华北大学工学院一九五一年度录取新生名单"，毛二可榜上有名。

华北大学工学院是一所有着光荣革命传统的学校，前身是中国共产党于 1940 年创办的延安自然科学院，学校历经战火辗转办学，几经变迁，1948 年 10 月，由晋察冀边区工业专门学校与北方大学工学院合并成立华北大学工学院，办学目标是培养具备新的技能和本领、善于管理的工业干部和技术人才。学校一成立，就面临着加速人才培养、迎接全国解放的繁重而光荣的任务。不少师生还参加了对新解放地区机关、工矿企业的接收等工作，以及平津接管工作。1949 年 8 月，华北大学工学院奉命迁入北平，划归中央人民政府重工业部领导，从此担负起为国家重工业建设培养人才的重任。迁入北平后，学校的发展进入了一个新的阶段。在中央人民政府重工业部的领导和积极支持下，学校发展很快。1950 年底，全校人员由进京时的 380 多人发展到 1337 人，开始建设为重工业培养专门人才的各科系；全面制定和调整了教学计划；大量聘请国内著名教授、教师及从国外回来的专家、学者来校任教；开展学校的基本建设，如购置房产，建设图书馆、实验室、实习工厂等。学校在原有的机电班、冶金班、预备班、高职部等班级的基础上，增设了物理探矿班和俄文专修科。1950 年 9 月，教育部将中法大学并入华北大学工学院，缓解了华北大学工学院迁入北平后缺乏校舍和实验室的困难，加强了学校的教学师资力量，尤其是加强了基础理论教学，使理、工更好地结合，这一切都增强了华北大学工学院的办学实力，为学校大规模、正规化建设提供了条件。

1951 年，华北大学工学院明确提出"逐步把工作正规化，以完成新型高等工业教育的任务，运用理论联系实际的方法，迅速培养具有全面基础的高度专业化的重工业建设干部的目的"的工作任务。1951 年底，学校已经建立了航空工程、机器制造工程、汽车制造工程、电机制造工程、冶金工程、化学工程、采矿工程 7 个系，机械、电机、采矿、冶炼、化工、俄文专修科、干部进修班、工农速成班 8 个科（班），以及 1 个研究所；设立 25 个专业教研组和专修组，其中包括数学、物理、力学、制图、无机化学、有机化学、外语、体育、政治 9 个基础和公共课教研组，建立了实习工厂和图书馆。学校初步建成为一个专业比较齐全配套的重工业大学。

被正式录取后，毛二可开始了全新的大学生活。一年级新生的报到地

图 3-1　20 世纪 50 年代，北京工业学院位于东皇城根 39 号的校门（资料来源：北京理工大学官网）

点在东皇城根 39 号，那里是原来中法大学所在地。报到后不久，新生们就搬到了位于车道沟的新校区——一个"不像大学的校区"。华北大学工学院恢复招生后，由于办学空间不足，北京市政府在车道沟附近特批一块地用来建设新校区。毛二可这批新生入学的时候，新校区只有一座教学大楼基本完工，宿舍楼、食堂和澡堂等其他建筑都还未建成，学生们面临比较艰苦的学习和生活环境。为解决上课、吃饭、住宿等问题，学校临时搭建了一批平房当作教室和宿舍。当时的条件颇为简陋：宿舍类似工棚，砖墙上是瓦片组成的屋顶，床铺是木板搭的大通铺，生活用水全靠压水井供给；吃饭没有食堂，只能在屋外站着吃；洗澡要走一个小时，到西直门附近的澡堂；没有实验室，做实验需要到原中法大学校区的实验室。车道沟这个地方对当时的北京城来说还是郊区，周围一片荒凉。这样的艰苦条件曾让不少人望而却步，有些同时考取了清华大学的学生，在华北大学工学院转了一圈后，就背上行李去清华大学报到了。对于毛二可来说，艰苦的环境并没有对他造成什么影响。

图 3-2　20 世纪 50 年代，毛二可（右一）与同学在北海九龙壁前合影

　　由于从小对"电"感兴趣，毛二可选择了华北大学工学院中唯一带"电"的专业——电机制造工程系（简称电机系）的电机制造专业，学习发电机、电动机方面的设计。当时，在华北大学工学院的所有专业中，电机系和航空系的专业录取分最高。毛二可所在的班里也有一些调干生，与毛二可他们这些一直在读书上学的孩子不同，调干生之前已经参加过工作，年龄比较大，政治素质高。在调干生们的影响下，班级里充满互助友爱、团结奋进的革命气息，这令初入校园的毛二可心里感到既高兴又温暖。在新奇与激动之余，毛二可也感受到了这所大学带给他的思想和行为上的新变化。从中学时期的自由自在、无拘无束，到大学里吃饭、睡觉、上课都受到严格管理，毛二可不仅没有被约束的感觉，反而有了一种责任感，他觉得自己是一个对国家有责任的成年人，在政治要求、思想觉悟等各个方面对自己有了更高的要求。

　　来到学校以后，最大的一个感受就是觉得老同学对我们很友好，大家都很热情，带着我们在北京玩，各方面照顾得都比较好。过去我在中学，自由自在没人管，到了这里就受到了严格的管理，吃饭、睡觉、上课、业余时间等，管理比较严格。但是对我个人来说，有了参加革命队伍的这种感觉。觉得自己像是国家的人了，因为国家养你，你要给国家干事。

在学校还听了很多报告，接受各方面的思想教育。虽然学校组织安排这些都是严格的，但是我不觉得不自由。那时候心情也比较好，各个方面都在不断学习、不断努力，跟大家关系也不错。①

穿上干部服，接受组织的教育培养，特别是党团组织密切联系学生的状态，正符合青年毛二可对革命队伍的向往，满足了他心中参加革命队伍、开始革命工作的愿望。在这样的新环境里，毛二可在思想上、政治上有了明显的进步。随着不断的学习和个人认识的不断加深，毛二可开始积极参加党组织和团组织的活动，并于1952年6月成为班里第一批加入中国共产主义青年团的学生。此后，在每周一次的团小组日记、思想汇报、学习党的知识等紧凑充实的团支部活动中，毛二可接受了教育和洗礼，思想意识和责任意识得到了很大提升。

华北大学工学院给毛二可提升专业理论与实践能力创造了广阔天地。入学以后，他开始从头学习俄语，来自苏联的一位俄语女教师给他留下了深刻印象。由于这位俄语教师略懂中文，学生们可以同她用中文和俄语交流。尽管毛二可的俄语成绩一般，但经过系统学习，在没有翻译的情况下，他可以与苏联专家进行简单交流。

大学一年级的课程主要是俄语、力学等基础课，并不涉及毛二可感兴趣和擅长的电学相关课程，因此他的学习成绩处于中等水平。随着电学相关的课程和

图 3-3　大学时代的毛二可

---

① 毛二可访谈，2017年5月25日，北京。资料存于采集工程数据库。

实践活动的增加，毛二可的特长有了用武之地，学习成绩也大幅提升。他渐渐适应了大学生活，虽然生活条件有些艰苦，但学校拥有一流的教师队伍，俞宝传、李汉生、王守武[①]、张义菊……这些教师的专业水平和敬业精神都对毛二可产生了深远影响。

电机专业的课程非常广泛，包括机电原理、机电设计、功能制图、投影几何、理论力学、材料力学等诸多课程，张义菊教授讲材料力学，王守武教授讲理论力学，他们学识渊博，拓宽了学生的思路、知识面。学校的教学模式参考苏联，采用十分制；考试以口试为主，基本没有笔试。开始学习专业课以后，毛二可从小积累的物理、无线电方面的专业知识，以及他极强的动手能力逐渐得以显现，受到老师和同学的高度赞扬。

大学二年级，因为要经常做实验，毛二可所在的班级搬回到原中法大学皇城根校区上课，电机实验室成为他时常出入的地方。那时，电机实验室常常做一些大型的实验，需要测量电动发电机的能量，并用马达带动发电机进行实验，整个系统需要几个人同时操作。由于毛二可在无线电方面能力突出，再加上动手能力比较强，老师便让毛二可和组织能力突出的柯有安共同组织这种大型实验，大电机并机由柯有安指挥，无线电方面就归毛二可负责。在业余时间，毛二可还参与了学校广播社机务组的工作，每天的全校广播，以及校内开会、联欢、放电影等活动时，他和伙伴们需要负责扩音器的安装、调试，为活动做技术保障。学校最高的楼顶上有一个小房间，他们整天就在那里维修机器。能够做自己喜欢的事情，毛二可每天都很开心。

1954 年，在教师戚叔纬的带队下，毛二可等人作为学校的第一批学生到上海 710 厂进行工业实习，每天还有伙食补助费 6 角钱。在上海，毛二可每天和工厂的工人一起打擦铁锈、喷漆，一起制作长波电台。此外，毛二可还在南京的 714 厂和电磁厂进行过实习，714 厂主要生产国家急需的两瓦机，电磁厂主要生产绝缘子。通过实习，毛二可了解了两瓦机和绝缘

---

① 王守武（1919-2014），江苏苏州人，半导体器件物理学家、微电子学家，中国半导体科学技术的开拓者与奠基人之一。1941 年毕业于上海同济大学，1949 年获美国普渡大学博士研究生学位，1980 年当选为中国科学院院士。

子的生产流程，收获了宝贵的实践经验。

进步的党团活动、扎实的理论课程、丰富的实习经历……充实了毛二可的大学生活，为日后的学术道路奠定了深厚基础，也与同学和老师结下了深厚的感情。

苏联专家与雷达专业

1950 年，抗美援朝战争爆发，中国在东南和东北两个方向同时受到严重威胁。为了加强军事工业建设，1951 年初，中央军委兵工委员会成立，制定了"兵工提前建设"的方针，提出要对老兵工厂进行全面改建和扩建，并新建一批大型兵工厂。这无疑需要大批的国防兵工专业人才，特别是高级工程技术人才。1952 年 1 月，华北大学工学院改名为北京工业学院；3 月，中央人民政府重工业部下发了《关于北京工业学院今后发展的方向及目前的方针任务》的文件，决定北京工业学院"逐步发展为国防工业学院或国防工业大学，并使之成为我国国防工业建设中新的高级技术骨干之重要来源"。从此，北京工业学院被中央指定为国防院校，也是我国第一所国防院校，办学目标是为中国的国防工业培养"红色工程师"。

这是北京工业学院历史上的标志性事件。由于当时正处于朝鲜战争时期，中央政府要求北京工业学院克服各种困难，迅速完成从一所一般性工业大学向国防工业大学的转变。1952 年 8 月，为了适应当时国家发展的需要，中央政府进行了全国高等学校院系大调整。北京工业学院的航空工程学系、冶金工程学系、采矿工程学系及其专修科被调整出学校，与其他学校合并组成新的大学。同时，第二机械工业部还将原东北军工专（中国人民解放军东北军区军工部工业专门学校）中从事兵工专业的 21 名教师，以及兵器系、弹药系、火药系二年级的 212 名学生和有关兵工方面的仪器设备、图书资料调入北京工业学院。院系调整结束后，北京工业学院于 1954 年 3 月至 10 月，先后组建机械工程系一系（武器系）、机械工程二系（弹药系)、机械工程三系(坦克系)、仪器制造(光学仪器系、雷达系)、化学工程系(火炸药系)。全国高等院校一夜之间也被要求调整教学模式,众多苏联高等学校的专家被派到中国,协助学科、专业建设,整个高等教育体系全部改成"苏联模式"。

为了尽快提升学校的国防工业教学水平,北京工业学院聘请苏联专家,迅速建成为我国国防服务的兵工专业,也成为国内首批聘用苏联专家的高校之一。据统计,1953—1960年,应中国政府邀请,来自苏联17所高校的39位专家参与了北京工业学院兵工专业的建设。在苏联专家的指导下,北京工业学院建成新中国第一批常规配套的14个兵工专业,包括火炮设计及工艺、自动武器设计及工艺、自动控制与远距离操纵、炮弹设计及工艺、引信设计及工艺、药筒设计及工艺、坦克设计及工艺、坦克发动机设计及工艺、军用光学机械仪器、雷达设计及工艺、火炮射击指挥仪、火药工艺、炸药工艺、装药工艺。这些专业的建成,反映了当时中国常规兵器的现代化水平,奠定了中国兵工院校专业的基本结构,形成了学校的学术方向与特色。[①]

1953年初,毛二可所在的电机制造专业转为雷达专业。

雷达是现代战争中的"千里眼",其基本概念最早形成于20世纪初,真正意义上的雷达于1935年正式问世。但直到第二次世界大战期间,雷达技术才得以迅速发展,成为防控侦查的利器。无论是白天还是黑夜,雷达均能探测到远距离目标,是海陆空多个军种必不可少的军事装备。

我国直到1945年8月才开始拥有雷达。日本投降后,遗留的大量物资中有100多部雷达(大部分已损坏)。1946年,国民政府国防部在南京成立特种电讯器材修理所(后改为雷达研究所),其主要任务是搜集和修理雷达,是国民党政府国防部下属极为重要的军事部门。1949年1月,解放战争进入最后阶段,国民政府首都南京即将被解放,雷达研究所迁到杭州,计划将所内的技术人员和设备全部送到台湾。但在中共地下党的策反下,1949年4月雷达研究所成功起义。新中国成立后,雷达研究所又

---

① 辛嘉洋:矢志军工 默默奉献——北京工业学院之礼赞.北京理工大学官网,2016-09-01.

迁回到南京，所内的技术人员和雷达设备成为新中国雷达事业发展的重要基础，南京也因此成为我国雷达事业的起始地。1961年，雷达研究所成为国防部第十研究院下属第十四研究所（简称南京14所）。后来，南京14所成长为国内最大的雷达研究所，对我国雷达事业作出了重大贡献。

20世纪50年代，朝鲜战争的爆发，使中央充分认识到中国的雷达必须走独立自主发展之路，中国军队必须要有自主研制的雷达。为了实现这个目标，国内有条件的高校陆续创建了雷达专业，从事雷达事业的技术队伍不断壮大。1952年，地处张家口市的中国人民解放军通信工程学院（现西安电子科技大学）开设雷达专业，是我国第一个设立雷达专业的军事院校。1953年秋，进入三年级的电机制造专业9511班按照学校规划转为雷达专业，毛二可和他的同学们成为雷达专业第一批学生，北京工业学院成为国内第一个设立雷达专业的地方院校。

新成立的北京工业学院雷达专业可以说是白手起家，在摸索中前进。当时转入雷达专业的有50多名学生，老师有航空无线电专业的戚叔纬、雷达站的陶栻和余保传、天线专业的张德齐、原电机系主任李宜今。雷达在当时只用于军队，专业研究范围比较窄，国外的大学很少设立专门院系，因此专业教师很少。在国内雷达专业更是空白，根本没有专业教师能开设相关的课程。在这种情况下，1953年第一批苏联专家来到北京工业学院后，学校认真执行中共中央下发的《关于加强发挥苏联专家作用的决定》，教学和科研工作由苏联专家全面负责。在苏联专家的指导帮助和本校师生的共同努力下，14个兵工专业得到突飞猛进的发展。与欧美大学的通才教育模式相比，苏联的高等教育模式一般称为专才教育，其基本特点是：与计划经济体制相连，对教育实行高度统一集中的计划管理；教育的重心放在与经济建设直接相关的高等教育，尤其是工程和科学技术教育上；教育计划与国民经济建设计划紧密相连，按产业部门、行业甚至按产品设立学院和专业（例如拖拉机学院、坦克系等）。

雷达系的课程设置和教学计划有着明显的"苏联痕迹"。按照雷达的组成部分，苏联专家将雷达专业教学内容细分为发射、接收、显示、天线等课程，还为雷达专业详细制定了教学计划——设置什么教研室、每个教研室做什么实验，都做了精细的规划。实验室体系也同步开始建设，建立了接收、发射、显示、控制、自动装置等多个实验室。为了加快雷达实验室的建设，1955年雷达系专门抽调柯有安、王中、刘静贞、王埼、常茂森、钱仲青、彭定之、黄辉宁、胡启俊、李世智10名优秀学生干部提前毕业，他们的主要任务是按照苏联专家的指导，尽快修复美军和国民党遗留下来的一批美军旧雷达，这些雷达是中央特批给雷达系建设专业实验室的。随着旧雷达和一些配件被运到学校，一批小型雷达很快被陆续成功修复。这些雷达成为雷达系第一批专业的实验设备，北京工业学院雷达专业的建设自此走上正轨。

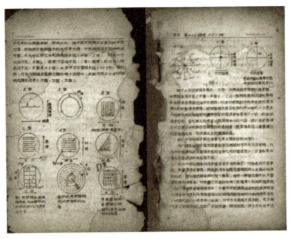

图3-4　1955年9511班使用的油印版《指示器》教材

雷达专业正式开课以后，一度没有教材给老师和学生带来很大的困难。当时，课程使用的教材来源五花八门，一些通用技术课程，如发射设备、天线馈线、电波传播、显示设备、脉冲技术等可以使用英美等国和国内已有教材，但到了雷达原理、雷达站、雷达系统、雷达结构与工艺等高年级雷达专业课程时，就没有现成的教材了。因而这些雷达专业课程使用的是教师自己编写刻印的讲义。为了第二天让学生们拿到最新的讲义，往往是授课教师头一天晚上写出讲义，第二天早上用油印机印制出来，再让课代表将印好的讲义发到每个学生手中。对专业知识的理解、与苏联专家的交流、实验操作雷达设备等，对中国老师和学生都是巨大的挑战。

毛二可凭着自己的刻苦努力，大学期间各门功课都取得了优良的成绩。从电机专业转到雷达专业也没有对他造成任何困扰，反而因为学习雷达这门新技术感到更加高兴。

其实我学雷达也是听从组织安排，不是我的选择。但是一说雷达好像比电机还要新，当时也挺高兴，因为跟无线电还更接近了。雷达好像比无线电更高级一点，所以搞雷达就感觉很有兴趣，愿意各个方面学习，就对它很有感情。

虽然受父亲毛韶青历史问题的影响，毛二可没能入选提前毕业的学生行列，也没有机会直接参与雷达的修复工作和雷达实验室的建设，但幸运的是，他在校的学习和生活没有受到太多影响，还跟随苏联老师库里科夫斯基做起了有关电视的课题研究。

雷达系的苏联专家库里科夫斯基是苏联列宁格勒电工学院雷达站设计专业的教师，于1954年10月到北京工业学院工作，主要承担面向雷达专业教师授课任务，包括脉冲技术、微波技术及天线、雷达原理、雷达站及电视原理等课程。第二次世界大战之前，库里科夫斯基主要致力于电视领域的研究，战争爆发后，他入伍参军并开始进行雷达领域的研究，此后专攻雷达专业。库里科夫斯基在教学方面有一套成熟的观点，为了激发学生们的学习兴趣，他决定成立一个电视课

图 3-5　苏联专家库里科夫斯基

题兴趣小组。电视和雷达的原理在一定程度上类似，简单地说都是信号发射、接收和显示。在当时的中国，有关电视的研究还是新兴科研领域，并没有开展正式研制工作。库里科夫斯基在课堂上向学生们做电视机原理演示，大家看过后觉得十分神奇，纷纷积极报名参加兴趣小组。一向拥有很强动手能力的毛二可也对此产生了浓厚兴趣，加入了电视兴趣小组，由此开启了他对电视发射系统的研究和设计。

库里科夫斯基对学生的要求很严格。雷达专业涉及的课程较多，他要求学生们在学习上百分之百地投入。当时雷达系的教室和实验室都在东皇城根校区临街的一栋楼里，靠近大门处的礼堂和图书馆。库里科夫斯

图 3-6　20 世纪 50 年代，北京工业学院电视兴趣小组的学生在活动

基每次去自己的办公室都要经过教室和实验室门口，如果他看到学生没有在学习或者做实验，就会对他们提出严厉的批评。在这位严谨认真的教授看来，现在正是时间紧、任务重的时刻，学生们的时间应该用来学习和做实验，而不是休息和玩耍。严师出高徒，在老师严格的要求下，同学们的专业水平和实验能力得到了极大提高，逐渐掌握了电视系统的原理知识和基本电路的设计方法，电视兴趣小组的工作不断取得进展，学生们在学术能力和科研方法上快速成长起来。

电视兴趣小组一开始的计划只是将示波器进行提升，就是做一个稍微大一点的示波管。由于没有录像设备和存储设备，学生们只能把电影胶片扫描出来，变成电信号，分辨率很差，只能看到几个影子在晃荡。但在当时的条件下，这样的实验成果依然极大地鼓舞了大家。

那会儿国内根本没有电视机的显像管和显示器的屏幕，我们就用雷达的显示管，都是从美国留下来的器材里面找到的。电视的发射和接收端需要同步的横纵扫描信号，我们自己做一个扫描电路，做一个比较大功率的锯齿电流产生纵同步横同步信号。将这个信号加到一个示波管上，示波管就出现一个光栅。这个光栅就是一个亮点产生的。没有摄像机，我们就弄个光电管，将光栅转换成电信号，然后输入到作为显示器的雷达显示管上。在示波管和显示管的扫描信号正确同步时，显示管就能正确还原示波管的光栅。这个系统是最简单的。我们开始按照示波器原理做成稍微正规一点、显示屏幕大一点、亮度也高一点的这样一个系统。那时候示波器很小，口径分辨率很差，我们用雷达示波管和显示管做的这个系统的分辨率就很高了，这个算我们第一阶段实验做的一个东西。[①]

电视兴趣小组的工作取得了一定的成果，也使同学们对电视发射系统有了初步的认识，为他们之后完成大型系统的设计和制造奠定了扎实的理论基础和实验基础。

特殊的毕业设计

对于苏联和欧美两种教育模式，毛二可认为，欧美模式的原理性课程很多，但与工作实际联系不够紧密；苏联模式强调实验能力，但因为基础理论不强，所以后劲不足。他认为，雷达专业的学生，无论学习了多少基础理论，总还是需要一些实践经验的，搞研究要能够在脑子里对研究对象有一定的感性认知。如果没有感性认知，总是用一个理论框架来推导公式，对物理意义理解不透，很难有真正的创新。理论和实践是互相促进、互相深化的。

1954 年，大学四年级的毛二可开始在苏联专家的指导下参与雷达专业实验室的建设。他和几个同学被分到不同的教研室，主要工作是帮实验员做实验，每个实验室的实验大纲都是苏联专家制定的。

1955 年的新学期，毛二可学完所有专业课程，进入毕业设计阶段。当时学校的毕业设计分两部分，一部分在工厂完成，结合工厂的任务需求设计实习题目；一部分在学校完成，由苏联专家提出题目，学生在老师的指导下完成。

毛二可他们这组的毕业设计题目由库里科夫斯基指定，要做一套完整

---

① 毛二可访谈，2017 年 5 月 26 日，北京。资料存于采集工程数据库。

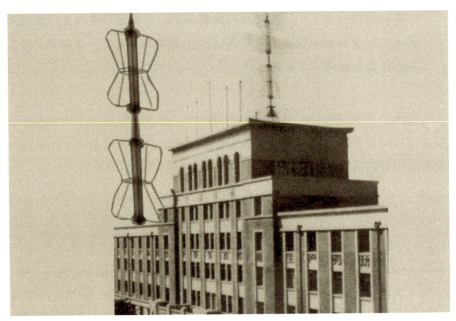

图 3-7　耸立在北京工业学院主楼上的电视发射天线

的电视系统，包括收发、定时等，波形要求纵同步、横同步，跟当时的黑白电视是一个机制。一套完整的电视系统包括四个部分：第一部分是摄像机，将影像转换成视频信号；第二部分是发射器，将视频信号转换成电磁波发射出去；第三部分是接收器，将接收到的信号转换成视频信号；第四部分是显示器，将视频信号显示在屏幕上。早在 19 世纪，人们就开始讨论和探索将图像转变为电信号的方法。1908 年，肯培尔·斯文顿和罗申克夫提出电子扫描原理，奠定了近代电视技术的理论基础。1936 年，美国的兹沃尔金发明了光电摄像管，可以把光图像变成电信号，为电子电视的产生奠定了基础。同年，英国贝尔德电视公司开始了电子方式的黑白电视广播，人类从此进入电子电视的时代。20 世纪 50 年代中期，我国的电视广播尚处于空白状态，当时，国内既没有电视信号，也没有完整的电视发射系统。研制电视所需的零件和设备在国内更是难以找到，只能靠这些年轻的学生们自己动手制作，完成众多工序。

　　毛二可在接受了库里科夫斯基老师布置的毕业设计课题任务后，全身心投入这项工作中。整个系统被分成四个主要部分，毛二可负责同步器、邓次平负责天线、黄辉宁负责接收器、王浩负责发射器，系里还指派了王玉珍、戚叔纬两位老师和几位实验员进行协助。做毕业设计的这段时间，为了完成任务，毛二可所在课题组的同学们几个月的时间里，每天从早到晚都泡在实验室，通宵工作几乎成了家常便饭。苏联专家对他们的工作非常关注，每天都要到实验室检查工作进度，到每个人的工作台检查任务完成情况；如果发现谁的工作进度落后，就会提出批评。这对学生们来说既是压力也是动力。

> 当时苏联专家每天上班前就到我们做毕业设计的地方，看每个人做得怎么样，然后再去上班，谁要是进展慢了他很不高兴的，所以我们的压力也挺大的……有一次，因为我们接线乱得很，每个线拉来拉去的很不正规，他就要求我们整理。我就找到一个接线盒，把所有的线接到接线盒上，再分出去。这就跟一个设备有点相似了，不像过去这一根线、那一根线交错得乱七八糟。我夜里都没回去，才把接线盒整理完了。第二天他看了特别高兴，说：不错不错，都整齐了。

> 苏联专家看到我们做的事有进展是很高兴的，如果进展慢，他确实批评得很严厉。我们感觉在他的工作指导下收获很大，对这套系统原理性的东西和基本电路设计都有所掌握和提高。[1]

毛二可做的同步器就是同步信号处理系统，也是电视系统中最困难的部分。20 世纪 50 年代中期，国外刚开始有半导体，直到 1958 年才出现集成电路，所以当时国内外做发射系统全需要用电子管。即便做一个简单的电路，也是非常复杂而且体积庞大。当时没有现成的电路板，什么都需要自己做，连脉冲电压器都是自己买磁芯自己绕，整个稳压电源也都是自己组装，包括做机架、做框架、固定电子管等，机械加工虽然有工人师傅帮忙，但也要学生们一起做出来。样机做出来后，外形像是一个很高大的

---

[1]　毛二可访谈，2017 年 5 月 26 日，北京。资料存于采集工程数据库。

立柜，上面安装了一个检查的示波器，底下就是电子管。全套系统经过安装、测试，实现了与当时黑白电视相同体制的波形的纵同步、横同步，同时纵同步实现与五十周电源同步。这个同步是毛二可参考脉冲电路在相位识别的电路上加锁相环来实现的。而这个思路来源于 1954 年他在南京实习时，学习参观美国炮瞄雷达 SCR-584，在雷达技术资料中发现的一套电路图，当时这个发现让毛二可很兴奋。通过研究电路图，他发现锁相环可以稳定频率。

> 当时没有锁相电路这些概念。1954 年我在 14 所实习，学习参观了美国炮瞄雷达 SCR-584，那个东西还有一套电路图，里面有一套经行显示器，扫个圆圈，这个是 40 公里一圈，那个是 2 公里一圈，这个频率就差 20 倍。这个粗看 40 公里，你要给它拨到一个小段，就是这个圈细看了，这个频率关系要很稳定，它是用了一个锁相环。当时我也有一个锁相环，关键就是相位识别的电路，这个相位识别的电路实际上就是脉冲电路来做的，我参考脉冲电路做出一个锁相环，最后和五十周电源同步做了。①

当时最难的是没有摄像管，光学图像无法变成电信号传输。摄像管、摄像头这类现在常见的设备，当时要到国外才可能买到，价格也比较昂贵。随着国际大环境的改变，学校为项目组从东欧国家买到了摄像管，后来还买到了东欧进口的黑白电视机。

就这样，经过坚持不懈的努力，整个系统的各个部分在学生们的手中逐渐完成了。有些无法手工完成的部件，他们也自己画出加工图纸、电路图，再交由工厂的工人制作，而后续的装配、调试、焊接等工序，都需要学生们自己动手。学校对这个国内首创的项目也给予了极大支持，特别是在经费方面。不仅如此，学校还为项目组解决了一个关键问题：电视系统要发射无线信号，必须要向国家申请正式的频道，为此，学校特别向国家

---

① 毛二可访谈，2017 年 5 月 26 日，北京。资料存于采集工程数据库。

邮电部提交了申请。1956 年 4 月 6 日，邮电部同意北京工业学院设立实验专用无线电台，电视发射机频率为 49.75 兆赫。自此，"中国电视第一频道"永久落户北京理工大学。经过将近一年的时间，在毛二可和同学们的努力下，在老师的指导和学校的支持下，项目组终于完成了毕业设计的全部要求，整个系统经测试实现了影像显示。虽然以学生们的技术水平，以及受限于当时的设备配置，整个系统的图像质量不是很好，以专业的角度来看只能算是一台原理性样机。但从实验的角度来说，毛二可他们所做的系统做到了完全无线传输，完成了毕业设计题目的要求，也证明他们的电视信号发射系统是成功的。

这是新中国第一个真正意义上的电视发射系统，并且完全由本科学生设计制作，这对当时的国内电信行业来说，绝对是一件令人瞩目的大事情。为此，学校专门召开学术研讨会，邀请北京各大高校交流讨论。清华大学、北京大学等都派来专家，与会人员对北京工业学院在实验室建设、培养学生等方面所取得的成果给予了高度肯定。毛二可他们的毕业设计"电视发射系统"为我国开展电视设备研究打下了基础。1958 年，学校组织国庆献礼，其中一项就是"北京工业学院实验电视台"，此后还在国庆十周年的时候成功发送电视节目。

1956 年夏天，雷达系举办毕业答辩会，这场答辩会以极高的规格吸引了校内外众多关注。答辩会邀请电子工业部领导、军方通讯部专家、清华大学教授、中国科学院学部委员等到场评审，答辩组的专家阵容十分强大。答辩采取现场评分的方式，专家现场评价课题的工作量、完成情况、是否有创新性等，其中成绩优秀的学生可以留校任教。毛二可的毕业答辩非常顺利，专家的评价很高，并建议他"留校或者搞科研"。

1956 年，毛二可因为成绩优秀以及政治思想积极进步，获得北京市"三好学生"称号。这也让他的苏联老师感到非常高兴，特意向他表示祝贺。8 月，毛二可即将毕业，毕业鉴定中认为他"学习努力，思想进步"。毛二可是北京工业学院培养的第一批五年制兵工高等工程技术本科生，是新中国建设紧缺的人才。鉴于毛二可在校期间成绩优异、表现良好，当时的系主任李宜今和教授俞宝传希望他留校任教，爱惜人才的校长魏思

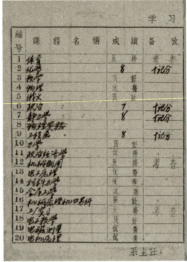

图 3-8　北京工业学院毕业文凭（左）和毛二可学习成绩单（右）

文①更是力排众议，同意了毛二可的留校申请。就这样，毛二可顺利留校并担任助教，他被分配在雷达实验室工作，主要从事雷达专业的实验教学，讲授雷达原理等课程。这是他雷达教育事业的真正开端，从此走上了为中国国防事业默默奉献、砥砺前行的科研之路。

---

① 魏思文（1910-1967），原名郭维福，山西文水人。1927年加入中国共产党。

第四章
学为人师

校长的"小老师"

1956 年 8 月，毛二可以优秀的成绩毕业，并留校工作，成为一名光荣的大学教师。9 月，按照苏联专家的意见，北京工业学院雷达系从仪器制造系分离出来，成立无线电工程系。留校不久，22 岁的毛二可机缘巧合之下竟然成了校长魏思文的"小老师"。

1951 年 5 月，中央军委兵工委员会根据当时国内外形势的发展，发布了《关于兵工建设问题的决定》。1952 年开始，我国兵器工业开始由战时体制向国防建设转变。为加快兵器工业急需的高等工程技术人才培养，中央人民政府重工业部要求北京工业学院加快转型，承担起为我国国防工业建设培养高级技术骨干的重任。为加强学校的领导力量，1952 年 10 月，魏思文被任命为学校的副校长、代理院长，1954 年 5 月被任命为北京工业学院校长。魏思文也被人们亲切地称为"布衣将军""光头将军"，他 1927 年就加入了中国共产党，曾做过地下工作，参加过游击队，新中国成立后担任过中共川东区委第二副书记、川东行署副主任，既是一位资历深厚的老革命，又有丰富的组织管理工作经验。他就任学校的校长时，曾向中央表决心：要把北京工业学院这个共产党创办的唯一一所理工院校办成一流大学。

在师生们眼中，魏校长作风朴实、平易近人，没有一点儿架子。魏思文在参加革命前就读于北平冯庸大学，虽然大学没毕业就参加了革命，但具有较高的文化水平，也非常清楚人才培养对国家发展的重要性。为了能真正做好大学的管理工作，离开课堂多年的魏校长为自己制订了若干工作制度，例如坚持学习、虚心拜师、利用工作之余学习自然科学与国防专业知识，以了解和掌握办学规律；坚持听课制度，直接了解教学第一线的问题；坚持"种试验田"制度，重点深入两个教研室和两个学生班级调查研究，以指导全面工作。因此，北京工业学院的师生们常常在晚上碰到魏校长来教室里了解学生的学习情况，老师们在工作中有什么困难，也都可以去找校长交流。①

1956 年 1 月，中共中央在北京召开全国知识分子会议，周恩来在会上作了《关于知识分子问题的报告》，向全党、全国人民发出"向现代科学进军"的号召。为响应国家号召，北京工业学院积极制定十二年发展规划，校长魏思文提出"扫除保守思想和脱离实际等主要障碍，组织动员党内外一切力量创造有利条件，向科学进军"。之后，北京工业学院全体教师以极大热情投入科研工作中。同时，在魏思文的积极倡导下，全校学生在教师指导下纷纷成立课外科研活动小组。为了更有效地组织学生进行科研活动，1956 年 4 月学校成立了"京工学生科学技术协会"，魏思文等校领导被聘为协会顾问。学校还评选了三名刻苦学习、成绩优秀的"样板学生"，其中一名便是毛二可。

毛二可至今仍感念老校长魏思文对他的教导之情，特别是在思想上对他的影响，他说："指引我走上为共产主义事业奋斗这条光辉道路的，是当时的校长魏思文同志。"学生时期，毛二可就因为学习成绩优异，引起了

---

① 陆钦仪：《新中国北京高等教育的开拓者》。北京：北方交通大学出版社，2002 年。

魏校长的关注。1956年8月，毛二可大学毕业，以优秀的成绩获得留校的机会。之后，22岁的毛二可机缘巧合之下竟然成了46岁的校长魏思文的"小老师"。

原来，魏校长向全院师生提出"向科学进军"后，作为校长的他首先带头学习科学技术知识。因为他的专业是无线电技术，所以就来到无线电工程系，请系主任李宜今给他安排一位指导教师，李宜今向魏校长推荐了毛二可。毛二可记得，有一天，自己正埋头做实验，李宜今主任来到实验室对他说："小毛，我给你带来了一个新学生。"毛二可抬头，只见站在李宜今旁边的魏校长正笑眯眯地向自己点头。从那天起，魏校长开始跟着这位二十出头的青年教师学习科技知识，每次见面，魏校长还客气地打招呼说"毛老师好"。魏校长没有领导架子，为人谦逊，做事认真，他坚持每周抽出半天的时间到实验室向毛二可学习无线电相关的专业知识，主要是无线电接收机的工作原理。听完"毛老师"的理论课，魏校长又从校办工厂要了一套收音机零件，用几个月的时间自己动手成功组装了一部收音机。魏校长的谦虚好学给毛二可留下了深刻印象。

> 魏校长来到研究室拜我为师，说要学习无线电技术。尽管我当时只有二十多岁，但他不耻下问，工作再忙，每周都要抽出半天来学习。每次见到我，魏校长总是亲切地称呼我毛老师，对我的思想、生活各方面都很关心。[1]

有了这层特殊的师生关系，魏校长跟毛二可的关系越来越近。平时除了学习，两人还会交流一些生活和工作上的事情。魏校长了解到毛二可父亲的问题及他的思想包袱后，热情邀请他到自己家里吃饭，并与他长谈。魏校长以一个师长的身份鼓励毛二可，帮他分析形势、讲道理。校长的关心像暖流滋润毛二可的心田，毛二可瞬间觉得心理负担减轻了许多，心情也好了。这之后，许多同事们也发现，毛二可好像比以前更爱笑了。此

---

[1] 毛二可访谈，北京，2017年6月23日。资料存于采集工程数据库。

后，魏校长一直十分关心毛二可的成长，毛二可结婚的时候，魏校长还特意托人送去了新婚礼物表示祝贺。

1963—1966 年，中共中央在全国城乡开展社会主义教育运动。运动的内容，一开始在农村中是清理账目、清理仓库、清理财物、清理工分，后期在城乡中表现为清政治、清经济、清组织、清思想。1963—1965 年，北京地区有 42 所高校的近 4 万名师生先后参加了"四清"运动。

1964 年秋季，北京工业学院组织了一支规模很大的"四清工作队"，包括教师和学生在内，人数达到一千多名，在校长魏思文的带领下，到山东曲阜农村进行"四清"工作。毛二可也是"四清工作队"中的一员，他和大家一样，对能有机会投身到"社会大课堂"去，内心感到非常兴奋。山东曲阜是孔子故乡，但那里的农村贫寒穷苦，地少人多，有的贫农家里到冬天甚至没有棉衣、没有被子。按照上级要求，工作队员要与贫下中农"三同"，即同吃、同住、同劳动。毛二可他们住在农村老百姓的家里，农村的伙食非常差，吃的都是地瓜干煎饼。地瓜从地里挖出来以后，就在地头切了晾着，等晾干以后磨成粉，用这种地瓜粉摊煎饼；做饭就是用地瓜粉熬成糊糊，撒点盐，就着煎饼就是一顿饭了。吃饭一般没有蔬菜，更谈不上有肉吃了。这样粗糙、简单的食物，青黄不接的时候，很多家可能连这个都吃不上，还会出现断粮的情况。生活和饮食方面的困难，对所有工作队成员都是一种考验，毛二可从小家里虽然不富裕，但父亲一直在大学做教师，是高级知识分子，长大后毛二可一直在大城市生活，这样的苦真没吃过。用他自己的话说"之前也从来没有体会过吃饭是一件这么困难的事情"，有一次他因工作出村，在外边买到几个馒头，觉得特别松软好吃。艰苦的生活对毛二可的意志力是一种锻炼，他丝毫不抱怨，跟农民打成一片，经常坐在一起有说有笑。

工作队在曲阜除了做清理账目、清理仓库、清理财物、清理工分的"四清"工作，还要参加村里和县里组织召开的各种会议，听取当地农民诉求。最主要的，还肩负着发展生产的任务。当地旱地多，水源是个难题，为解决这个问题，工作队组织人力修建水渠，帮农民解决生产上的问题。毛二可觉得这是一个很好的锻炼机会，他干活非常卖力，每天赤脚下水挖泥，丝毫不输天天跟土地打交道的农民兄弟。毛二可在"四清"运动中表现出的踏实肯干的劲头得到校长魏思文的赞赏。

毛二可在"四清"中再次展露了其动手能力。一次，工作队在曲阜师范学院（现曲阜师范大学）的食堂做集训，魏校长正在台上讲话，尽管他的嗓门很大，但声音都被喇叭"嗡嗡嗡"的回音淹没，大家在台下听不清讲话内容。正在这时，魏思文看到坐在台下的毛二可，他非常了解毛二可在无线电方面的专长，于是马上说："毛二可，你过来修一下喇叭。"由于现场什么都没有，曲阜师范学院的工作人员临时找来了万用表等简单的工具。毛二可研究了一会儿，突然，他发现问题所在了，原来是喇叭和扩音器靠得太近，产生了正反馈，所以造成离得远听不见、离得近听不清的问题。毛二可把扩音器功率放大倍数调低一点，调整喇叭声音大小，距离远了就把声音调大一点，距离近了就调小一点，台上的讲话瞬间清晰了。魏校长很高兴，还专门为此事表扬了毛二可。

毛二可随工作队在山东过了一个春节，春天他们就返回了北京。毛二可认为，这次运动是以锻炼知识分子、将知识分子与农民结合为目的，所以他觉得："在'四清'里面，对我们来说就是锻炼，就是思想改造，压力什么的都没有。不像'文化大革命'开展以后，压力就不一样了。客观地说，我也受得起压力。"①

建设雷达实验室

在国家的大力支持下，20世纪50年代，北京工业学院雷达专业发展非常迅速，特别是实验室建设在全国处于领先地位。学校多方努力增添实验设备，先后拿到五部国内外生产的大型雷达，建成设施完备、设备齐全、制度规范的正规雷达实验室，国内很多高校都来学习参观。依托优越

---

① 毛二可访谈，北京，2017年5月27日。资料存于采集工程数据库。

的实验条件，北京工业学院的雷达实验室成为当时国内高校最好的实验室，在教学科研方面发挥了很大的作用。

北京工业学院是新中国第一所国防工业大学，学校许多专业都是围绕国防建设的需要而制定，如爆炸、机械、雷达等，而这些专业都需要特殊的实验设备才能开展教学和课题研究。魏思文曾在部队工作多年，在他的努力下，学校争取到了许多宝贵的设备，其中有些甚至是当时部队在用的军用设备。

1955 年，计划建设雷达专业实验室初期，学校向解放军总军械部雷达局申请了一批从国民党缴获的旧雷达，其中最重要的是 APS-4 雷达。APS-4 是美国麻省理工学院辐射实验室研制的 3 厘米波段微波空用雷达，是美国研制的第一代机载雷达，用于飞机搜索和拦截目标。雷达实验室拿到了这款雷达的全套设备，包括天线、发射机、接收机、显示器和控制系统。雷达实验室得到的第二部雷达是 313 雷达，是日本研制的超短波米波雷达，用于搜索警戒。第三部雷达是 SO8 雷达，是一部 10 厘米波段的美

图 4-1 北京工业学院位于东皇城根校区的教学楼

国海军雷达，截形抛物面的天线，PPI 的显示器。这三部雷达经维修调试后都可以正常工作，虽然都是比较小型的雷达，但对于从未接触过雷达设备的老师和学生来说，这些足以让他们了解雷达是如何工作的。这三部雷达也成为雷达专业最初的重要实验设备。

此前，北京市政府将原来批给北京工业学院的车道沟校区，调整到了海淀区的巴沟（今中关村校区），那里远离长安街中轴线，地方更大，也更利于设置军工科技需要的专业实验室。于是，在北京西北部的一片荒野上，北京工业学院开始了如火如荼的新校区建设。新校区布局规整，区域划分明确，体现了理工科大学的严谨风格。1955—1957 年，新校区陆续建成四个教学楼和一个主楼（行政楼，包含部分教室）。

雷达实验室最开始被设置在巴沟新校区 3 号教学楼西边的空地上。毛二可和其他留校的老师们，成为实验室搬迁的主力军，承担建设新雷达实验室的任务。

在新校区筹建实验室，面临缺经费、缺人手的困难。为了尽快建成雷达实验室，所有人都想尽办法：为开设无线电发射设备课，戚叔纬教授亲自到部队仓库寻找各种废旧器材物资，还自行装配了几台无线电发射机；实验室没有仪器设备，毛二可他们就自己动手，修理组装破损的设备；没有实验台，他们就找来床板和旧桌子，后来还申请了一些木材，自己画图，请人制作了 30 套实验台（这些至今还在使用）……凭着自力更生、艰苦奋斗的精神，无线电工程系的师生用两年多的时间，将雷达专业实验室基本建成，包括电工原理、无线电技术、脉冲技术、无线电测量、发射设备、接收设备、天馈设备、显示设备、雷达自动装置、雷达站等系列实验室。

为了支持学校建设雷达实验室，总军械部雷达局批给北京工业学院一部国产 406 雷达用于教学。和 406 雷达同时送到新校区的，还有一部从东皇城根运过来的美国 SCR-268 雷达。系里将这两部雷达的架设任务交给了毛二可和周思永，周思永负责 SCR-268 雷达，毛二可负责 406 雷达。能够近距离接触雷达，毛二可兴奋异常。

406 雷达全称为 406 米波远程警戒雷达，由南京 14 所于 1955 年自主研制，其下属 772 厂制造。该雷达仿美国 270D 米波雷达制式，其两个 J481 发射管为 720 厂自主研制，它的探测距离达到数百公里以上，是我国第一部大批量生产的米波远程警戒雷达。406 雷达是一部大型雷达，需要用几辆大卡车运输。雷达天线至少有十几米高，在运来的时候是拆开折叠起来放在车上的，到架设时要先一块一块组装起来，经过拉起和几个折转才能架设起来，需要很多人同时操作，难度很大。SCR-268 雷达由美国于 1938 年研制成功，是一种火力控制雷达（简称火控雷达），可用于控制探照灯照射目标，以保证高射炮夜间瞄准射击，在第二次世界大战期间是第一部便于运输的、用来对单个飞行目标进行精密跟踪的雷达。

要架设如此复杂、大型的雷达，对刚毕业的两名年轻教师来说，是个不小的挑战。毛二可和周思永都是第一次架设雷达，不敢有丝毫懈怠。他们当时还住在位于钱粮胡同的学校宿舍里，那时候也没有往返城里和巴沟的公共汽车，交通非常不便利，为了节省时间，俩人干脆睡在雷达车里，把设备保温套用作铺盖。没有任何经验，他们就凭着手里仅有的一本厚厚的操作说明书，边学边干，不断试验、摸索，经常忙碌到深夜。

校长魏思文对雷达架设十分关心，经常到 406 雷达调试现场视察工作，嘱咐他们"要像打仗一样地突击工作"。了解到架设雷达天线有困难，魏思文专门安排了几个临时工帮助，还聘请了两名复员军人负责管理油机和驾驶雷达车。

经过认真研究雷达操作说明书，毛二可慢慢地摸出了门道——原来雷达安装的关键是天线的架设问题。从小练就的看图识图、动手操作本领，让毛二可面对复杂的安装图纸毫不慌张，天线架设的难题很快被破解了。就这样，毛二可克服困难，终于在新校区把国产 406 雷达架起来了。这期间，毛二可还向驾驶雷达车的师傅学会了驾驶汽车，这项本领为他后来多年的校外雷达实验工作提供了极大的便利。

1957 年，魏思文校长向国防科工委和时任国防部部长彭德怀提交了一份报告，希望国家能批给学校一些新型的、最好是作战用的雷达，用于建设雷达试验场，以更好地培养雷达专业人才。这份报告得到批准，彭德怀一口气批给北京工业学院三部大型雷达——π-20雷达、COH-4、COH-9雷达，这是当时中国军队最主要的现役装备雷达。

三部雷达均为苏制雷达。π-20雷达是指挥航空兵作战的雷达，既能搜索目标又能测量高度，是一种非常大型的雷达，一部雷达就装满了整整七辆车，包括电源车、天线车等。π-20雷达价格不菲，据说在当时相当于20架米格飞机的价钱。COH-4是一体化雷达，抛面10厘米波段，脉冲宽度约1.2微秒，模仿美军的SCR-584雷达。COH-9雷达由苏联在COH-4雷达的基础上自行设计，功能没有改进，只是结构更紧凑了。

系里安排戚叔纬、毛二可等人去接收这批雷达。他们拿着上级领导的批文到部队，顺利地将挑选的空用雷达拉到巴沟新校区，与这三部雷达一起运来的还有一大卡车美军遗留下来的雷达零件。毛二可记得，自己去拉π-20雷达的时候，雷达基地的战士们都很舍不得，有的战士甚至流下了眼泪，这是他们日日夜夜使用的设备，但听说是彭德怀签批给学校用作培养雷达人才，他们都表示支持。战士们运送雷达到北京工业学院，并在学校帮助架设雷达。

1958年，学校在巴沟新校区的西边建设了一个实验室专区——"戊区"，专门进行高度保密性质的实验研究，雷达实验室和爆炸实验室都被安排在那里。按照要求，所有雷达都要搬迁进"戊区"。这样，雷达实验室需要进行重新规划设计，系里决定由俞宝传教授牵头负责。因实验室拥有多部人型雷达，这些雷达的天线需要设置在户外，因而雷达实验室也被老师们称为雷达场。毛二可承担了实验场地设计并起草了《无线电系第六教研组雷达场地说明》，其中详细说明了雷达场的总平面图，以及汽车库、电缆井、工作室等辅助区域的示意图。最新申请到的π-20雷达、COH-4雷达和COH-9雷达送到学校后都被直接架设在"戊区"里。COH-4雷达和COH-9雷达架设简单，先于π-20雷达完成架设。系里决定由柯有安负责π-20雷达，毛二可负责COH-4雷达，王中负责COH-9雷达，还为他们配备了专门的实验员。之前架设在3号楼西边空地上的几部雷达，随后也陆续搬到了雷达场。

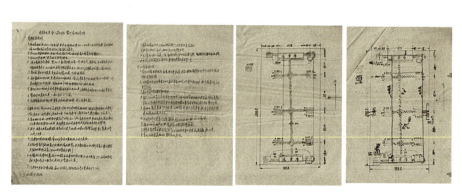

图 4-2　1958 年，毛二可起草的《无线电系第六教研组雷达场地说明》

　　在实验室里能够近距离接触雷达，让毛二可十分兴奋，也激发了他对科学研究的热情。由于当时的雷达不涉及软件，硬件的电路图他一看便知，有时候雷达坏了，毛二可都是自己修理，例如换电路管组件、换备份器材等。但是，在雷达维护工作中也有教训。雷达中的磁控管寿命仅有数百小时，经常需要更换，但由于其要求精细，且没有专业人员指导，很多人都不敢动手。一次，毛二可在更换磁控管时，由于没有将元器件套正导致插偏，玻璃材质的磁控管破裂漏气。磁控管配件颇为昂贵，这次失误可以说是一次大事故，毛二可心里很自责，还为此写了检讨。

　　随着理论学习的深入和实践经验的积累，毛二可等雷达实验室的工作人员渐渐掌握了雷达维护的各项工作。他们向部队学习，制定了雷达维护的相关管理条例，如雷达周维护和月维护分别要擦哪些地方，冬天和夏天什么时候更换机油……虽然不像部队要求的那样严格，但这些管理措施保证了雷达的顺利运转和雷达场的建设。

　　当时有六七个同学，也有一些老师，大家一起维护这些雷达。后来学生开始在雷达上操作实习。当时雷达专业的学生都要操作雷达，一个雷达算一个实验，一个实验可能不仅一天时间，有时候要做多次，几天才能完成。实习的主要内容就是观察雷达结构，然后开机、操作，最后写实验报告。这几个雷达都要做一遍，这样之后就对雷达操作形成具体概念了。

那时候这几个雷达在我们的教学中发挥了很大的作用。后面我们搞科研也是围绕着这几个雷达，在这几个雷达上的基础上，我们系做了一些"小860雷达"。[①]

毛二可等人建成的雷达实验室是国内地方大学的第一个大型雷达实验室，建有无线电技术、脉冲技术、发射设备、接收设备、雷达自动装置、雷达站等18个系列实验室，开出18门课共229个实验。北京工业学院拥有了当时国内最为先进的雷达实验室设备，包括美国的SCR-268、APS-4等空军雷达，国产406雷达，苏联COH-4雷达、COH-9雷达和п-20雷达，还有解剖雷达311甲和机场指挥雷达，形成海陆空全系列，大中小雷达俱全，堪称"雷达博物馆"。

尽管当时国内很多学校都陆续建立了雷达专业，但实验条件都比较困难。与之相比，北京工业学院无论是在实验技术水平还是实验教学质量方面，都处于先进水平，吸引了国内许多高校前来参观学习，如清华大学、哈尔滨工业大学、南京航空航天大学、大连海运学院、西北工业大学等，都将准备留校当教师的大四学生派到北京工业学院学习第四年和第五年的课程，他们中的很多人后来成为中国雷达领域的知名专家。

在北京工业学院的校园中，"戊区"在建成后的几十年里，都是校园里最神秘的地方。在"戊区"的大门口设有岗哨，站岗的是持枪的解放军战士，人员进出都要出示证件。从"戊区"外的道路走过，可以看见里面高高的雷达天线。

艰难岁月中的坚持

对于刚参加工作的毛二可来说，未来是充满希望的。他泡在雷达实验

---

① 毛二可访谈，2017年3月15日，北京。资料存于采集工程数据库。

室没白没黑的研究雷达器材，雷达实验室建成后，雷达实验课可以让学生在真实的雷达上进行操作实习，通过完成不同型号雷达的开机、调试显示器、调整天线等操作，学生们对雷达不仅有了理论知识，更对各种类型的雷达设备有了具体概念。这样的实习课在当时国内地方大学中可以说是绝无仅有的。

1959—1961 年，由于"大跃进"和人民公社化运动中的严重"左"倾错误，加上连续几年的自然灾害，导致了全国性的粮食和副食品短缺危机，新中国面临建国以来最严重的经济困难。在这段困难时期，北京工业学院的科研经费大幅缩减，科研工作被迫收缩，教师纷纷将教学的重心转向教材编写。

1961 年 8 月，毛二可晋升为讲师，讲授雷达站、雷达原理、晶体管电路、雷达系统和动目标显示等课程。当时的北京工业学院，学生既有本科生，也有从全国各地来学校接受继续教育的干部。干部班的课程设置偏重概念性的知识，本科生的课程则更加系统、完整。因此，同一门课程往往需要差异化的教学方式。当时国内有关雷达理论方面的教材很少，更缺乏雷达领域成熟的参考书，加之不同的授课对象需要不同的教材，因此在当时的教学工作中，编写讲义成为必不可少的工作。繁重的教学量就这样压在雷达系几位刚刚毕业工作的年轻教师肩头。虽然工作压力大，但年轻的毛二可却干劲十足，在繁忙的讲课、实验之余，开始自编教材。

> 当时雷达专业的教材很少，都是老师备课的时候临时把讲义写出来，再让油印室印出来。所以当时的教学工作，写讲义这些事情也不少。另外，各个班的不同专业还不一样，所以老师们只能分头讲课，教学量不小。好在我当时年纪轻，精力旺盛，一个星期讲两三次课，再加上搞实验。①

---

① 毛二可访谈，2017 年 5 月 25 日，北京。资料存于采集工程数据库。

毛二可与课程组其他教师共同编写教材《雷达站》，他负责撰写"雷达图像传输"和"中频相参或相参积累脉冲雷达方案"的研究报告，篇幅占整本教材的三分之一以上。教材分为上、下两册，署名为"柯二中""刘之远"，其中柯二中指的就是北京工业学院的柯有安、毛二可、王中，后被总结为"柯二中道路"。《雷达站》于1961年由北京科学技术出版社出版，出版后被纳入全国统编教材，当时全国几乎所有雷达专业都使用这本教材，在专业内产生了非常大的影响。

随着工作的不断深入，毛二可渐渐感到自己的基础理论知识的缺乏。此前，他的工作重心主要是雷达实验室的建设，相比于专业文献，他接触更多的是雷达设备的说明书。开始讲授课程和编撰教材以后，半路出家导致的理论功底不够的问题逐

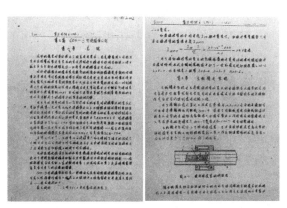

图 4-3　毛二可编写的《雷达站》教材手稿

渐显露出来，使他在做深入研究时产生了大量难以理解和解决的问题。毛二可很快意识到这个问题，决心系统地学习雷达专业相关基础理论知识。当时，欧美发达国家对我国实行经济和技术封锁，一些国外先进的科技书籍和学术期刊难以获取，学校只有一部分苏联专家留下的雷达专业教材和美国出版的28本雷达经典著作。毛二可只能自己通过各种渠道想办法购买专业书籍，还借来了信号与系统、信号处理等专业的基础教材，开始刻苦攻读。为补充信号检测统计等数学方面的知识，他还专门去旁听本科生的相关课程，像学生一样记笔记、做习题。毛二可用了整整一年的时间，逐渐补上了相关理论知识。

虽然困难时期的生活条件和科研环境都很差，但学校的教学和科研工作都在有条不紊地进行，毛二可和同事们也没有停止科研的脚步，并取得了一系列成果：雷达图像远距离传输设备研制、磁致伸缩延时动目标显示

系统、利用具有反馈电路的延时系统的雷达近似匹配滤波器、中频相参积累雷达方案、脉冲压缩过滤设备等。1962 年，毛二可还参与指导了一名研究生，课题是"具有反馈电路的延时系统研究"，相关研究成果成为后来开展动目标相关课题研究的基础。

作为新中国自己培养的第一批雷达专业人才，毛二可和他的同事已经在业内取得了一定的研究成果，获得了一些声誉。虽然前进的道路上不时有些小的阻碍，但这一时期，毛二可的雷达技术研究之路已经越走越稳、越走越宽。

然而不久，巨大的打击就降临到毛二可的身上。

1966 年，正当国民经济的调整基本完成，国家开始执行第三个五年计划的时候，意识形态领域的批判运动逐渐发展成矛头指向党的领导层的政治运动。这是一场长达十年、给党和人民造成严重灾难的浩劫。之后，国家先后推迟高等院校的招生和留学生派遣工作，正常的教育秩序遭到严重破坏。

1966 年 5 月下旬，北京工业学院就在校内传达了党中央的"五一六"通知。随后，国防工办工作组进驻学校，协助校党委领导"运动"。优美静谧的校园，转眼间成了阶级斗争的战场，校园内铺天盖地贴满了大字报。很快，群众斗争的矛头直指学校领导，校长兼党委书记魏思文成为斗争的重点对象。7 月，国防科工委在北京工业学院万人露天剧场召开了批判大会，会上宣读了中央文件，撤销了魏思文的一切职务，说他是"走资本主义道路的黑帮"，校党委副书记时生、郑干停职反省。

魏思文被撤职后，学校里更乱了，造反派逐步分成"东方红"和"红旗"两大派系，二者各不相让，时刻想着造反夺权。在很长一段时间里，"东方红"和"红旗"两大派系的斗争左右着北京工业学院内部的政治局面，学校失去了往日的琅琅书声和肃静的科研气氛。在造反派的武斗中，老校长魏思文惨遭毒打致死。魏思文是 20 世纪 20 年代加入中国共产党的革命家，在艰苦的革命斗争中，英勇奋斗；在新中国的教育事业中，呕心沥血，深得师生的尊敬和爱戴。1978 年魏思文获得平反，并被追认为革命烈士。每当回忆起老校长的遭遇，毛二可都悲恸不已。

不仅是校长魏思文受到严重迫害，系主任李宜今也经常被各种运动冲击。此前，毛二可大学毕业申请留校时，因父亲毛韶青的问题受阻，李宜今爱才心切，顶着各种压力将他留校，并安排在雷达实验室。此事成了造反派批判李宜今的一项"罪名"，说他给学校留下不合格教师，而且分配到重要的雷达教研室。

毛二可的工作和生活也遭受到了巨大的冲击。受到父亲政治问题的影响，毛二可受到审查，属于"靠边站"的人物，没有机会参加重要活动。虽然毛二可在此期间参加了不少科研项目，但都不是核心人员，很多关键性的雷达项目更不让他参加。虽然毛二可提醒自己要时刻保持低调，尽量避开各种斗争的风头，但依然没躲过暴风骤雨。

此前，毛二可和柯有安、王中以"柯二中"的署名编写了教材《雷达站》，在"文化大革命"期间被批判为"只专不红"，甚至捏造了"莫须有"的罪名，说他们三个人内讧争稿费。毛二可他们三人百口莫辩，编写教材是他们的工作，既没有稿费，更没互相争过利益。他们都是踏踏实实在自己的工作岗位努力工作，根本就没想到要成名成家，只想尽力做好组织安排的工作，没想到竟成了被人批判的"柯二中道路"。毛二可心里非常委屈，但他性格温和，容忍度高，被批斗的时候就低着头听着，很少反抗。

雪上加霜的是，毛二可的父亲被判入狱的事被揭发了出来。红卫兵冲进了毛二可母亲和妹妹在城里的家，把家里抄了个底朝天，之后他们又来干扰毛二可的生活，家人也受到牵连。作为一名已经被定性为"白专"的典型，毛二可在工作中受到批判，怀孕的妻子熊如眉担惊受怕，身体受到严重影响。本来身体不好的母亲也瘫痪了，天真烂漫的妹妹毛四可受到惊吓，一个妙龄少女的一生幸福被无情毁灭。

从此，毛二可肩负起照顾母亲和妹妹的重担。为了更好地照顾家人，毛二可将父母和妹妹在城里的房子换到了学校一间 12 平方米的房间。在长达二十多年的时间里，一家老少七口人挤在学校筒子楼两间 12 平方米的房间中。毛二可几乎每个夜晚都要数次起床服侍母亲吃药、喝水；妹妹发病时会暴躁不安，毛二可就耐心地花上几个小时哄她。

尽管在"文化大革命"中遭受了严重的打击，但乐观的毛二可总是告诉自己要积极面对生活。

> 那时候身上压力比较大，自己负担还是比较重的。当时我想，让我在实验室当个实验员就行，只要别离开实验室。工作中该干什么我还是去干，而且干好。我个人觉得搞什么都可以，不一定要搞机密的东西，不机密的东西技术水平也不低，所以对我具体工作没影响。只是自己情绪受影响，但我也还算想得开，就是说该怎么干还怎么干。①

"文化大革命"时期，学校无法正常进行教学科研活动，毛二可却觉得这正是自己学习的好时机。于是他利用这段时间，继续系统学习雷达专业的基础理论知识，这样的学习一直持续了好几年。通过系统学习，毛二可获得了比较全面的理论知识，包括雷达系统的信号检测、统计监测、随机过程等基础知识，以及匹配滤波、雷达动目标显示等当时最先进的理论，这些上大学的时候没有学到的东西，他都从头学习了一遍。扎实的基础理论，加上毛二可丰富的实践经验，使得他的科研水平快速提升，能够更加深入地研究雷达应用方面的问题。直到此时，毛二可才感觉自己的雷达基础理论体系真正建立了起来。

谈到自己"先实践、后理论"的学习过程，毛二可认为：

> 我觉得这样也有好处。我把理论和实际两者结合，认识就更深一点，对问题的理解更深入一点。开始工作时，我觉得自己做那么多的实验室工作，是不是吃亏了，专业水平低了，当时确实自己有这些想法。只能靠自己努力学。那时候（"文化大革命"时期）实习少了，实验室工作也少了，自己有了精力学知识。所以基础理论方面，我觉得那个时候才稍微比过去好一点。②

----

① 毛二可访谈，2017 年 5 月 26 日，北京。资料存于采集工程数据库。
② 同①。

毛二可的性格柔中有刚，这让他在困难的日子里，尽管受到各种不公正的对待，但始终有坚定的信念，再大的挫折也没有让他消沉。内心坦荡的他做着自己认为该做的事情，继续从事热爱的雷达科研工作。

"圈外人"的作用

1963 年，当中国的核武器和弹道导弹即将获得最终突破的时候，钱学森提出了创建反制敌对势力核打击和防御战略核导弹的构想，这一构想很快就得到了国家的支持。1964 年，毛泽东提出防止核导弹的打击系统并不是只有超级大国才能够掌握的，不管花费多少时间，中国人必须建成自己的防御盾牌，打破帝国主义的核讹诈。同年 3 月，国防科工委确立了发展反弹道导弹系统研究项目，称为"640 工程"，包含全国导弹防御系统、战区导弹防御系统和反卫星作战系统三个方面的内容。作为"640 工程"中战略预警雷达系统的核心部分，中国第一代大型相控阵预警雷达的研制任务交给了我国雷达工业发源地和雷达科研重地——南京 14 所。接到任务后，南京 14 所副总工程师薛国伟担任总负责人，贲德[1]、张光义[2]分别担任正、副组长，并组成以张广义、刘兴华等 10 名技术骨干为主的课题组。

相控阵雷达的诞生，与卫星和导弹有密切关系。1957 年，苏联发射了人类第一颗人造地球卫星，令美国陷入恐慌。美国认为，同样拥有原子弹

---

① 贲德（1938- ），吉林省长春市人，雷达专家，中国工程院院士。1963 年毕业于哈尔滨工业大学雷达专业，后一直在信息产业部电子第十四研究所工作。长期从事雷达系统的研究、设计、开发工作，是中国机载火控雷达的研制创始人和学术带头人之一，我国 PD 火控雷达领域的奠基者和学科带头人。

② 张光义（1935- ），四川省泸州市人，雷达工程专家，中国工程院院士。1962 毕业于苏联莫斯科动力学院。我国第一部电扫描三坐标雷达和第一部大型相控阵预警雷达的主要技术负责人之一，载人航天工程中所需的三部大型精密跟踪雷达和一部相控阵雷达的总设计师，机载雷达技术负责人。

和氢弹的苏联既然有能力把卫星送上既定轨道，就有能力把远程弹道导弹打到美国本土。于是，20 世纪 50 年代起，美苏开始了大型相控阵雷达的研制，并将其作为军备竞赛的重要内容。

相控阵雷达的全称是相位控制电子扫描陈列雷达，是由大量相同的辐射单元组成的雷达面阵，每个辐射单元在相位和幅度上独立受波控和移相器控制，能得到精确可预测的辐射方向图和波束指向。这种新型雷达在远程预警方面的能力是以往任何雷达都不可比拟的。相控阵的"天线"通常是一个面阵，面阵由很多行很多列排列起来构成，每个阵元或子阵都对应有一个收发组件。每一个收发组件都是一种接收与发射电磁信号的装置，既是一个小的发射机，也是一个小的接收机（实际上就是一部小雷达）。通过计算机，可以控制每个收发组件移相器的相位。通过相位控制的方法，在相控阵天线阵面不动的条件下，天线波束现在能做到正负 60° 扫描，而且速度很快。

相对传统雷达，相控阵雷达有很明显的优点：一是看得远。虽然每个收发组件功率不大，但因为数量很多，总发射功率可以按照需求做得很大，这样就可以看得远。二是可以同时监测成百上千个目标，既灵活又快速。三是可以控制雷达工作的方式，在观测导弹和卫星有独到之处。四是可靠性很高，即使少量收发组件损坏，整个雷达的功能不会受损，性能也损失很小。

相控阵技术的研究难度很大。美国于 1937 年开始研究，直到 1958 年才研制出两部实用型舰载相控阵雷达。1964 年，中苏关系转入紧张期，面对这样的情况，预警雷达系统的研制变得尤为重要和紧迫。

"640 工程"启动后，由四机部科技局牵头，协调南京 14 所和北京工业学院，在北京开始进行超远程雷达技术论证工作。当时，国外对相控阵雷达技术进行严密封锁，中国的雷达技术研究刚起步不久，科研队伍还不成熟，既对相控阵原理不清楚，又缺乏制作大型设备的经验，甚至没有相关元器件的生产加工能力。南京 14 所参加相控阵雷达研究的课题组成员，普遍只有两三年的工作经验。对这些年轻科研工作者来说，研制工作频频遭遇困难，是个不小的挑战。

1964 年 1 月，国防部下发《关于国防工业高等院校建立科学研究机构问题的通知》，批准北京工业学院成立雷达技术研究室等 8 个科研机构。雷达技术研究室负责人是胡启俊、柯有安和吴祈耀，研究人员有韩月秋、费元春、毛二可等。这是北京工业学院无线电工程系首次设立研究室，这个研究室也是后来雷达研究所的前身。不久，北京工业学院雷达技术研究室成为除南京 14 所以外，相控阵雷达项目论证的主要参与单位。

研究室的主要任务是相控阵体制地基远程预警雷达认证。虽然此时毛二可仍属于"靠边站"的人，无法参与核心方案论证，但因他技术水平过硬，学校还是让他参与了部分讨论工作。韩月秋是毛二可的好朋友，对他的人品和专业能力非常了解，也很清楚他对相控阵雷达的关注，所以总是将项目进展情况与他分享。毛二可也并不因为自己不能进组而气馁，还是将自己的新发现、新想法告诉韩月秋，用这样的方式参加相控阵技术研究工作。

项目组成员积极查找相关资料，因为之前谁也没有接触过相控阵雷达，他们首先学习相控是怎么回事，然后讨论在国家现有的条件下怎样实现相控。为保证工作进度，他们左手一本词典，右手一本工具书，钻研外文资料，经常忙得只吃一顿饭。经过研究，项目组形成了两份报告，一份报告介绍相控原理及国外研究情况，另一份报告则论证提出"我国在解决洲际弹道导弹的防御问题上应该弯道超车，不能走抛物面那条路，要走相控这条路"。北京工业学院的这两份报告，提供了相控阵方案的建设、想法和理由，也给南京 14 所的研究人员吃了颗"定心丸"。就这样，在院所两单位科研人员的共同努力下，最终确定了相控阵雷达原理，这也是中国相控阵雷达的起源。

1965 年 6—11 月，南京 14 所的张光义、贲德和刘兴华等研究人员来到北京，与北京工业学院的研究人员互助攻关相控阵雷达技术研究。在来北京前，南京 14 所在张直中院士的领导下，已经做出了三个方案。经过反复讨论，双方共同提出了我国第一个地基相控阵预警雷达设计方案。

图 4-4　北京工业学院与南京 14 所合作完成的《相控阵雷达技术综述及初步方案》

　　然而，"文化大革命"开始后，相控阵雷达的研发工作被迫中断，南京 14 所的同志们也离开了北京。毛二可被迫离开了雷达事业，在业务上也无所事事。最让他难受的是，刚建立起来的雷达技术研究室名存实亡，很多人纷纷离开科研岗位，十几人的科研队伍只剩下六七人。

　　没有了上级下达的任务，研究室的老师们就自己关注国内外雷达行业的进展情况。即便是在"文化大革命"时期，中国的国防军工事业也没有停止发展的脚步，南京 14 所、西安 206 厂等重要的雷达技术研究和军工生产单位都在持续开展高精尖科研项目。毛二可带领着几名同事，主动与同行们沟通交流，自己找项目、做实验。

　　从参与相控阵雷达研究开始，毛二可就一直关注远程预警雷达的研制情况，但是"靠边站"的他不能直接从事雷达总体研究，只能协助同事做一些辅助性的工作，他把科研目标锁定到众人忽视的雷达"外围"技术上。

　　根据用途不同，雷达天线的大小、工作模式有很大的差别。与平常人们印象中的雷达不一样的是，相控阵雷达的天线是个矩形阵面，大的有 2.5 个篮球场那么大，看上去像是一面硕大无比的墙。在处理系统允许的情况下，相控阵雷达能够同时形成多个独立控制的波束，将天线阵列上的天线单元分成若干组，采用不同的相位以指向不同的目标。相控阵雷达的可靠性高，天线阵列由很多单元组成，在少量单元失效时仍可正常工作。当相控阵雷达警戒、搜索远距离目标时，虽然看不到天线转动，但上万个辐射器通过电子计算机控制集中向一个方向发射、偏转，即使是上万公里外来袭的洲际导弹和几万公里远的卫星，也逃不过它的"眼睛"。如果是对付较近的目标，这些辐射器又可以分工负责，有的搜索、有的跟踪、有的引导，同时工作。每个移相器可根据自己担负的任务，使电磁瓣在不同的方向上偏转，相当于无数个天线在转动，其速度之快非一般天线所能相比。

当雷达工作时，通过控制移相器来改变每个辐射器向空中发射电磁波的相位，使电磁瓣能像转动的天线一样，一个相位一个相位地偏转，从而完成对空搜索使命。因而相控阵雷达研制中的核心问题之一就是解决移相器。当时准备了两个移相器方案，一个叫高频移相器，就在 P 波段 400 兆赫做这个移相器；还有一个在中频，把高频 400 兆赫插到 30 兆赫做中频移相器。相控阵关键的是控制相位，当然对相位测量就是很关键的一个参数。一个相控阵有很多路，要把每一路相位调成一致，就要靠仪表，要能测量相位的手段才行。在扫描过程中每个通道相位是不一样的，那么这个

图 4-5 中国第一部相控阵雷达阵地

不一样是不是按照所希望的规律来分布，那也需要测量才行，所以相控阵最关键的设备是相位测量设备。其中，中频的相位测量和控制相对比较容易实现，不需要微波暗室，相位混到中频再移相就好做了，因此中频进展顺利。但是，中频移相器有很大局限性。如果信号损失太大的话，就要用光纤延时线。现在移相器也是时间延迟，移一个波长就相当于一个周期的时间，移半个波长就是半个周期，以电磁波的频率为准。美国已经使用的相控阵雷达的方案是雷达收发分开，移相关键器件是中频移相。这样设计的缺点是经费投入比较大。1967 年，美国相控阵雷达发生事故起火，整顿后也从中频移相改为高频移相。此时，南京 14 所在进行研发中经过研究美国相控阵情况并结合国内实际，最终决定采用高频移相，高频相位设备的研制成为重要攻坚环节。

1967 年，当毛二可了解到相控阵雷达在高频相位测量技术方面遇到难题，他终于坐不住了。经过深入思考，他决定进行高频相位测量仪的研究，冒着被批斗的巨大风险，他联合周冬友、韩月秋等几位同事开始着手研制。后来他回忆说："当时支撑我们的，是战斗在国防科研战线的千百万科研人员的共同信念，那就是党的利益高于一切，祖国的国防事业高于一切！"[①]

高频相位计通过测量各路相位参数，获得每路相位的数据，以便对相位进行调整和控制，从而使相位参数满足要求。如何做一个只要按动按钮，就能对高频信号的相位做出准确测量的仪器？虽然原理简单，但要在当时的技术条件下实现起来却不容易，而做出来的相位计要能保证测得准，就更不容易。为此，连擅长动手操作的毛二可都着实花了好大力气。

相控阵雷达在当时本身就是高度保密的高精技术，掌握在美苏两个超级大国手里，获得相关资料非常困难，时间上也不允许。毛二可了解到虽然当时国内没有控制高频率相位的技术，但无线电工程系自己有个电子厂生产收音机，也生产测音频的相位计。能否把音频相位计的技术用于高频相位计呢？带着这样的想法，他跑到厂里做实地研究，发现音频相位计的

---

① 保婷婷：雷达专家毛二可院士：我愿为党贡献一切。《科学时报》，2006 年 7 月 13 日。

工作原理是根据正弦信号的延迟判断脉冲数量，如果频率正确，可以判断一根脉冲代表多少相位。音频相位计的精度比较高，是否可以把高频混频到音频中？按照这个思路，要保证混频到音频以后的相位都不变，要求这两个相位的稳定性很高，等混频以后才能再测量。要做到这一点，系统怎么匹配和标定？

还有一个问题是高频信号的相位会受到多项因素的影响，测准相位非常不容易。电缆的长短、电感接头好坏和松紧，都会导致相位的变化。相控阵要求相位必须一致，相位计里有一路基准信号和一路输入信号，这两路混频下去，要求特性完全一样，否则在电路中任何一点信号发生反射、失真，测量结果就错了。科学研究没有捷径可走。毛二可和他的同事们一头扎进实验室里，凭着手中仅有的一本国外参考资料，一切从头开始，他们自己设计线路、分装、调试，反复改进。电缆接上和去掉后相位变化多少、不同的电缆长度对相位的影响、每一次相位变化的校正、如何再做匹配……毛二可通过不断实验，积累了大量数据，根据数据分析再进行实验调整。在这样反复设计、分装、调试、改进的循环中，在无数次实验失败重来中，毛二可和他的同事们经过努力，终于在1968年成功研制出高频相位计，填补了国内一项空白，加强了我国防空预警系统的测试能力。这一关键技术的突破，直接推动了中国第一个相控阵预警雷达的顺利研制。

1969年，毛二可恢复正常工作，他在全国雷达专业学术年会上发表了论文《中频相参式相参积累雷达方案的研究》，同时，带着研究生开始了雷达信号处理的研究。

1970年5月，中央批准研制超远程预警雷达，经过方案比较，最终选用了南京14所的相控阵雷达方案——7010雷达。7010雷达的探测距离3000千米，天线阵面接近1000平方米，发射机功率10兆瓦，设置在海拔1600多米的山坡上。1972年开始正式铺设，1976年完成铺设和调试，1978年投入使用。7010大型战略预警相控阵雷达是中国第一部自主设计、研制的相控阵雷达，它的成功证明中国突破了相控阵雷达体制这一尖端技术，使中国继美苏之后成为世界上第三个掌握相控阵预警雷达技术的国家。①

南京14所与北京工业学院从20世纪50年代开始的协作，被证明是非常成功的，形成了良好的院所协作工作模式，推动了中国雷达事业的发展。除了相控阵雷达研制项目，在后来几十年的众多项目中，这种团结协作的工作模式得到不断发展和提升。而年轻的科技工作者们，也在协作中结成了友谊，学术水平相互促进。这期间，贲德和毛二可结下了深厚的友谊，他对毛二可的科研水平及为人做事都给予了很高评价：

> 毛二可给我的印象是为人非常谦和、非常和蔼、非常谦虚，一点架子都没有。在北京工业学院半年多的时间，我们一起工作，对我的帮助很大。在毛老师的指导下设计雷达方案，对相控阵的原理方案应该怎么选取起了很大的帮助。
>
> 毛老师的为人和工作都是我的楷模。谦虚是一个人的美德，我想在毛老师身上这句话体现得非常深刻，直到现在我都很尊敬他，我见到他都喊'毛老师'。我跟别人说，这是我真正的老师。直到现在，有什么问题我都会问毛老师，毛老师很耐心地给我讲解。跟毛老师接触，我感到非常亲切，没什么拘束。虽然毛老师是雷达界元老级人物，知识非常的渊博，但是他很平易近人，我也是很愿意和毛老师交流，直到现在还是这样。②

在"文化大革命"期间，毛二可不能直接参与重要的科研课题，无法加入核心技术研究项目组，他的内心感到遗憾又煎熬。1969年，毛二可一恢复正常工作，就以时不我待的激情，全身心投入科研工作中。

---

① 《北京理工大学学科（专业）发展史丛书》编委会：《信系寰宇：北京理工大学信息与电子学院学科（专业）发展史（下）》。北京：北京理工大学出版社，2020年。

② 贲德访谈，2017年11月1日，北京。资料存于采集工程数据库。

第五章
让雷达"看得清"

改进"小 860 雷达"

现代战争中，是否掌握制空权会对战争的进程和结局产生重大影响。在夺取空中优势、摧毁敌方武力、实施战略威慑与战争制胜的过程中，空中战斗机必须依靠其火眼金睛的"鹰眼"——雷达，才能占尽先机，达到"先敌发现，先敌打击、先敌摧毁、先敌制胜"的目的。

大多数情况下，军事目标如飞机、导弹，都是处于运动的状态，难以捕捉，加上很多时候有地物、云雨等"杂音"，导致在雷达接收的回波中，既有需要的运动目标的回波，也有不需要的杂波干扰。大部分杂波源近似于静止，但分布面积大，这导致杂波有时候可能比目标回波强得多，干扰了对目标的观测，严重影响"鹰眼"对"猎物"的判断。稍有不慎，就会漏掉重要目标或者伤及无辜。从无线电通信被利用以来，科学家们就一直在与通信系统的杂音作斗争，企图找到一种方法能够准确地从杂音中提取目标信号。

动目标显示雷达根据"动"与"不动"来区分动目标回波与杂波,利用的是多普勒效应。火车由远及近驶来时,我们听到的声音音调会逐渐变高;火车由近及远离开时,我们听到的声音音调会逐渐变低,这是日常生活中常见的声音多普勒效应。电磁波也会产生多普勒效应,对于雷达来说,目标的运动会导致雷达收到的电磁波频率发生变化,目标回波频率与发射的电磁波相差一个多普勒频率。动目标显示雷达具有区分动目标回波与杂波的能力,并能通过杂波滤波器对杂波进行抑制。其工作原理是,利用雷达目标和杂波源对雷达的不同径向速度所引起的两者回波的多普勒频率差别,采用滤波措施滤掉杂波,就能在比目标回波强得多的杂波背景中检测到动目标回波。运用这个原理,还可以探测不同速度的目标,排除低速运动或静止的目标,使高速运动的飞机能够被清楚地显示出来。

20世纪40年代,美国最早提出了动目标显示的概念,并于第二次世界大战后期研制出动目标显示技术,解决了雷达"看得见"的问题。动目标显示技术的关键器件是延时线。当时美国用的是水银延时线,但是由于水银对器件的管壁腐蚀严重,需要不断地清洗,使用起来很不方便。不过,即便如此,水银延时线的应用极大地提升了雷达捕捉目标的准确性,在当时也属于最先进的技术。

我国动目标显示的研究和实验开始得很早。20世纪50年代,北京工业学院雷达专业成立以后,时任空军雷达兵部主任傅英豪和夫人唐旦(当时兼任空军第二研究所所长)来到学校调研,提出希望学校开展雷达杂波的研究和杂波抑制的应用研究,并在国产406雷达上应用。北京工业学院雷达系的师生们马上开始研究发达国家的雷达实物,"破译"其动目标显示技术。

雷达系的师生们仿照美国,研制成功了用水银延时线做超声的传输介质,用压电晶体产生电转成提示声音的系统。不过,水银腐蚀金属管壁的问题依然很难解决,延时线管子总是需要清洗,成本非常高,而且腐蚀性强、重量大,无法得到大范围推广。

1960年开始,毛二可参与了"磁致伸缩延迟动目标显示系统"课题组，研究解决水银腐蚀金属管壁的问题。5 月，他完成了研究报告《磁致伸缩超声波延时线及其在动目标显示雷达中的应用》，该研究的主要内容和作用是"对磁致伸缩超声波延时线的延迟特性及能量变换过程进行了理论分析并作出实验结果"[1]。研究结果指出"用磁致伸缩延时线可以得到数十微秒到数百微秒连续可变的延迟，磁致伸缩延时线用于动目标显示雷达中作为延迟元件比用水银延时线具有独特的优点"[2]。

    磁致伸缩效应相当于利用镍这个材料在不同的磁场时候长度可以变化的特性。只要给镍合金（就是有磁致伸缩效应的金属丝）加磁场，在发射端加一个线圈，通一个电信号，这个电信号使得镍丝产生电信号震动，相当于沿着这个线传播。在接收端再做一个线圈，那么这个线圈相反的磁致伸缩效应，就当线圈外面加一个固定磁场。这样线一震动，就使得磁场发生变化，就产生电信号。这个传播的时间可以通过金属丝的长度调节，可以凑得像雷达周期那么大。

    这样一个思想在 1958 年提出来以后，孙玉功老师也做了大量的工作。最后找到含有镍的电阻丝，经过适当的退火，它就有磁致伸缩效应。只是它的带宽很窄，而 406 雷达的带宽也很窄，所以好像也可以用。这个工作当时空军第二研究所非常关注，傅英豪就来学校谈过几次。但是紧接着就是"大跃进"，到 1960 年，科研项目都下马了。[3]

虽然动目标显示研究因为各种原因停顿下来，但毛二可心里十分清楚对雷达杂波的研究和杂波抑制的应用研究的重要性，也明白我国雷达技术的发展迫切需要突破动目标显示和检测技术。之后，他持续关注着这项技术的研究进展。毛二可当时不会想到，自己与动目标显示技术的不解之缘

---

[1]　毛二可：磁致伸缩超声波延时线及其在动目标显示雷达中的应用。1960 年，未刊稿。资料存于采集工程数据库。

[2]　同①。

[3]　毛二可访谈，2017 年 5 月 27 日，北京。存地同上。

竟会持续三十多年。

1958 年，国营 786 厂^① 的技术人员在苏联专家的指导下，试制成功我国第一部炮瞄雷达苏式 COH-9A 雷达（松 -9 阿）。但随后不久，中苏关系发生变化，苏联专家全部撤走。形势的改变，迫使中国国防事业走上独立自主的发展道路。786 厂集中大量技术力量，开始自行研制新型雷达。1964 年，采用电子管双波段体制的 860 炮瞄雷达问世，产量达到 1500 余部，是当时世界上生产数量最多的炮瞄雷达之一，从根本上解决了当时炮瞄雷达抗干扰的问题，也为我国其他型号炮瞄雷达的科研、教学及系列产品研发起到了开创性作用。

860 雷达采用电子管电路，雷达庞大笨重。于是，20 世纪 60 年代后期，我国兵工部提出用晶体管做电路，以压缩雷达控制系统的体积，提升雷达战场机动性能。兵工部 206 所接受了这项任务，在 860 雷达的基础上，成功研制"小 860 雷达"，由北京无线电厂负责生产。"小 860 雷达"是 860 雷达的改进型，在不改变发射机、天线的前提下，用晶体管电路取代电子管电路，使得雷达体积更小、重量更轻，也更机动灵活，但经过设计定型试验，发现"小 860 雷达"存在性能不稳定的问题。为彻底解决这一问题，206 所联系到北京工业学院无线电工程系，希望给予技术支持。

接到任务后，1970 年 8 月，北京工业学院无线电工程系牵头，联合自动控制系、仪器制造系、控制工程系和基础部，组成课题组，项目负责人是无线电工程系的吴祈耀。无线电工程系负责雷达发射、接收装置及整体设计。9 月，炮兵司令部下达了研制"小 860 雷达"动目标显示系统的任务。这一研制任务是为了解决炮瞄雷达的抗消极干扰问题，也就是消除地物、干扰箔条杂波的影响，便于发现活动目标。无线电工程系成立专门课题组，戴润林任组长，成员包括毛二可、柯有安、王堃、董荔真、王文凯

---

① 国营 786 厂，也称国营黄河机器制造厂，创建于 1953 年，是"一五"期间苏联援建的国家 156 项重点工程之一，1958 年建成投产。建厂初期，根据国家工业布局安排，是我国唯一一家炮瞄雷达生产企业。

和邓克勤等。[1]

"小860雷达"的改进主要有三点：解决了传输通道的匹配问题，避免了波导、馈线关节打火；改三相电源为单相电源，解决了原来三相不匹配所造成的全机工作不稳定问题；协调各分机工作。这三点改进，不仅使"小860雷达"能够稳定工作，还使雷达整机性能有了提高，特别在作用距离和跟踪精度方面有了明显提升。1978年，"小860雷达"改进项目荣获全国科学大会奖。

"小860雷达"改进项目是北京工业学院无线电工程系在"文化大革命"后

图 5-1　1977 年 10 月，毛二可获得北京市科学技术先进工作者奖状

期，作为牵头单位承担的首个国家重大军工科研项目，极大地推动了当时学校几乎陷于瘫痪的科研工作的恢复。这也是毛二可恢复正常工作后，作为项目组正式成员参加的第一个重大科研项目。凭借对动目标显示系统持续多年的研究积累，毛二可成为推动动目标显示项目研究不断向前的源动力。

攻克动目标显示难题

在数字系统出现之前，要想采用模拟系统实现雷达动目标显示，解决信号延迟是一个难题。接到研制"小860雷达"动目标显示系统的任务后，项目组要解决的首要问题就是研制延时线。

对于延时线，毛二可非常熟悉。20世纪50年代末，他就曾参与国产

① 《北京理工大学学科（专业）发展史丛书》编委会：《信系寰宇：北京理工大学信息与电子学院学科（专业）发展史（下）》。北京：北京理工大学出版社，2020 年，第 68-70 页。

406 雷达加装动目标显示的研究，与雷达系的老师们研制成功了水银延时线。因为水银延时线存在腐蚀金属且成本很高的问题，为寻求替代方案，1960 年，毛二可也曾研究过磁致伸缩超声波延时线，但经测试效果并不理想。1970 年，毛二可再次开展动目标显示研究，他和韩月秋、肖裔山、周冬友、邬光浩等组成攻关小组。为找到合适的材料，项目组进行了多次实验，但都没有成功，项目研究就此陷入困境。

70 年代，国际形势急剧变化，中苏、中美关系逆转，世界战略格局从冷战时期的美苏两极对抗逐渐向全球多极化转变。国际社会正式向中华人民共和国敞开了大门，这为中国科技加速发展提供了机遇，也为前沿学术资料的获取提供了更多的便利。毛二可在搜集相关资料时，发现了一种采用熔石英为主要材料的超声延时线技术。熔石英延时线是彩色电视必不可少的元器件之一，该技术的基本原理就是用熔石英做成一个多面体，每个角度都有一个对应的反射面，超声波连续在多个反射面进行折射之后，就实现了所需的延时。参考这一原理，他和同事们成功研发了应用于雷达动目标显示系统上的熔石英延时线。相比水银延时线，熔石英延时线具有极为显著的优点，不但更为轻巧、安全，而且延时准确、性能稳定，大大降低了产品成本。1973 年底，"小 860 雷达"课题组解决了多个技术问题，完成了电路设计和研制工作，在四型炮瞄雷达上进行了系统性能中频定相试验后，试制出性能样机。在此后的近两年时间里，毛二可带领课题组多次往返学校和延庆县永宁机场，进行"小 860 雷达"动目标显示的性能试验。最终测试结果表明，动目标显示系统对地物回波改善因子达 20 分贝，达到国内先进水平。①

多年的坚持和奋战，毛二可带领的课题组终于攻克了动目标显示技术关键技术。"小 860 雷达"动目标显示系统是我国首次自主研制成功的十公分波段动目标显示系统，也是首次在炮瞄雷达上加装成功的动目标显示系统。

随着研究工作的深入，毛二可发现长期以来在 S 波段普遍采用的速调

---

① 《北京理工大学学科（专业）发展史丛书》编委会：《信系寰宇：北京理工大学信息与电子学院学科（专业）发展史（下）》。北京：北京理工大学出版社，2020 年，第 68-70 页。

管振荡器用作微波本振源的缺点非常多，除了锁相不方便外，电源复杂笨重、电调不便、成本高。这又是一个必须解决的难题。

高稳定本振源是动目标显示雷达的核心部件，受当时雷达发射管制造水平的限制，磁控管发射机的雷达脉冲相位在不同的脉冲周期间是随机变化的，为了能够在接收机端对雷达回波能量进行相参积累，要求雷达本振信号相位能够跟踪发射信号相位的变化，这就是接收机相参技术。接收机相参技术的关键是高稳定本振源，其难点在于动目标显示对本振信号跟踪发射信号相位的速度和稳定度都有极高的要求，常规雷达本振源根本达不到。

在当时的技术条件下，普遍认为解决本振源问题没有意义。一方面，许多人认为这是磁控管发射机没办法解决的固有问题，解决本振源的想法很难实现。另一方面，从科研价值的角度，业内普遍认为这仅仅是一个过渡技术，并无太大的理论价值。因此，许多人都劝毛二可不要碰这个"硬骨头"。然而，性格温和的毛二可在科研道路上，却有着异于常人的坚韧与执着，对于自己认为正确的研究方向，他从不言放弃。判断一个方向的研究价值，他通常从三个层面进行分析思考：国际先进技术的发展趋势、我国经济的发展实力、国家国防事业的需求。

毛二可认为，国家当时有那么多现役磁控管雷达，即使新的发射机制造技术逐渐成熟，但是国家哪有那么多经费可以在短时间内进行彻底更新？客观地说，技术总是在不断进步，任何技术都是过渡技术。所以，立足我国经济发展的现有水平和国防事业的实际需求，只要这项技术在一定时期内对国家的军事效益和经济效益是有利的，那么这项技术就值得研究。

1974 年开始，毛二可将主要精力投入到本振源问题的研究。他带领团队查找文献，确定方案，立足国产元器件，反复试验、调整参数。为了取得准确的数据，毛二可和同事连续加班加点，甚至不在意电磁波辐射对人体产生的危害，累计上机 1000 多个小时。有一次在雷达实验中，因长期疲劳，他不小心触电，上千伏的高压将他的手打裂了一个 3 厘米长的口子，鲜血直流。为了不影响进度，毛二可简单包扎后，又投入到紧张的工作中去。

微波振荡源是微波雷达中的重要部件。在微波频段，如何实现稳定度高又能压控的振荡器是一个核心课题。其中，频率稳定度是振荡器的一项十分重要的技术指标。随着雷达技术的发展，对信号频谱的纯度要求越来越高，提高信号频谱的稳定性和纯度显得尤为重要。这也是毛二可和项目组重点攻克的难题。

首先，锁相技术的发展为产生多种频率的频谱极纯的信号提供了可能性。当运用一般锁相环技术时，如果想要让压控振荡器频率改变，就必须在环路中加入分频、混频、倍频等环节，耗电高而且操作复杂。经过多次研究、实验，毛二可决定用微波晶体管振荡器代替速调管振荡器做微波本振源，在电路选择上，为了使振荡器可工作在较高频率和具有较高的稳定性，采用了共基组态的改进型克拉泼型电路。同时，为了提高微波压控振荡器的长期和短期频稳度，在电路设计和工艺上也采取了相应的措施，将原来锁相环中的模拟鉴相器换成了脉冲电路，实现了脉冲取样锁相环。这样，就解决了频率稳定度的问题。实验证明，与一般锁相环相比，脉冲取样锁相环更容易将压控振荡器锁定在参考信号频率的高次谐波上。只要正确的选择线路，工艺得当，取样保持电路的寄生输出可以做的极小，这就使压控振荡器产生频谱极纯的信号创造了条件。

历时4年，稳定的同轴腔微波晶体管压控振荡器——稳定的十公分微波压控振荡器终于研制成功。该项技术适宜用在一般雷达、通讯或其他微波设备中，其性能优于速调管、返波管、体效应管和雪崩二极管振荡器。当用于锁相环路时，可得到长期和短期频稳度很高的优质微波信号，满足动目标显示雷达、脉冲多普勒雷达等特殊要求。

1977年，湖北省某地举行全军电子对空干扰对抗演习，毛二可认为这是一个检验动目标显示系统性能的绝佳机会。于是，他主动申请带领课题组参加演习，获得了学校和上级单位的支持。这是毛二可团队第一次正式走出大学校门，与部队开展科研合作，也开启了他此后与中国陆海空部队开展全方位密切合作的大门。在这次演习中，北京工业学院研制的"小860雷达"动目标显示系统成功发现了箔条中的动目标，成为我国动目标显示技术的里程碑事件。

动目标显示功能，需要在有干扰的情况下，将飞行中的飞机成功显示在雷达的显示器上。这个过程其实是非常戏剧性的，毛二可也用了一个戏剧性的展示方法：现场的人看到，随着飞机起飞，从飞机上撒下上万个很短的箔条状干扰物，箔条随风飘动，慢慢降落。当没有启用动目标显示装置时，目标飞机被箔条遮挡，雷达的回波一

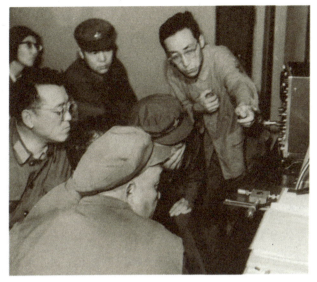

图 5-2　1977 年 10 月，毛二可（站立指示者）向空军有关领导汇报动目标显示系统实验结果

大片，完全看不见飞机的踪影；启用动目标显示装备后，只见雷达显示器上的一片杂波消失了，可以清晰地看到目标飞机在快速移动。

这充分证明，加装动目标显示模块的雷达屏蔽了箔条的干扰，成功捕捉到高速飞行的飞机，动目标显示装置对于雷达捕捉目标的能力具有显著的提升。所有围在显示器前看到这一幕的官兵都惊呆了，现场的部队领导更是给了了高度认可。毛二可团队的动目标显示接收机雷达成功完成演习，测试结果验证了动目标显示样机的实验原理，部队为此给这项科研成果颁发了证明。

"小 860 雷达"动目标显示系统于 1980 年 10 月由炮兵军工产品定型委员会批准设计定型，该技术成果后来还推广到"警 -17"雷达上。

1978 年 3 月 18 日，中共中央、国务院在北京隆重召开了全国科学大会，中共中央副主席、国务院副总理邓小平作了重要讲话，号召"树雄心，立大志，向科学技术现代化进军"。大会宣读了中国科学院院长郭沫若的书面讲话《科学的春天——在全国科学大会闭幕式上的讲话》，会上先进集体和先进科技工作者受到了表彰。这次大会是中国科技发展史上一次具有里程碑意义的盛会。对于所有科研工作者来说，终于熬过漫长的

"冬天"，迎来科学的"春天"。在这次大会上，"小860雷达"改进项目和"新型十公分稳定振荡器"获得全国科学大会奖。这对曾在"文化大革命"动荡环境下依然坚持研究的毛二可来说，是莫大的激励。

毛二可就此彻底摆脱了曾经禁锢在他身上的"枷锁"，怀着时不我待、只争朝夕的紧迫感和责任感，他带领同事们扬鞭奋进，发下誓言：拼命干，把过去动乱年代耽误的时间夺回来。

8月，毛二可和周冬友在《电子测量技术》发表了文章《脉冲锁相环设计中的一些问题》，详细总结了取样保持电路设计中的一些问题，分析各元件对其特性的影响，导出了取样保持电路在环路分析中的等效电路及等效参数。根据取样保持电路的等效电路研究了在取样频率较低时锁相环设计中的一些问题，研究了解决的途径，还介绍了根据讨论的结论设计并研制的微波信号源锁相环的分析及主要电路。[①]

此后，他在动目标显示系统研究方面持续发力，对高稳定本振源技术进行深入研究。稳定的十公分微波压控振荡器在S频段的两部雷达上使用了两年，结果证明其性能良好。以微波锁相技术为基础构成稳定本振源，获得了低的调频噪声，高的长期和短期频率稳定度，完全满足动目标显示雷达的要求。[②]研究结果表明，这种振荡器也适宜用在微波频率合成器中。在大于4吉赫上比比双极晶体管具有更高的增益、效率和更低的噪声，对进一步提高性能，场效应晶体管的潜力很大。利用这种器件能在更高的频率上获得低噪声的振荡和放大，这对微波雷达、通讯和测量技术的发展将是有力的推动。

毛二可提出并成功研制了一种动目标显示雷达本振源的新方案，取得了系列化成果。1987年，"高稳定本振源"和"十公分微波晶体管压控振荡器"获得国家发明奖三等奖，"电荷耦合快慢钟"获得国家发明奖四等奖；这些成果推广应用于多种雷达中，20世纪80年代初期，三项成果使转产

---

① 毛二可，周冬友：脉冲锁相环设计中的一些问题。《电子测量技术》，1978年Z1期，第23—32页。

② 费元春：稳定的十公分微波压控振荡器的设计。《电子测量技术》，1981年第4期，第3—8页。

单位增加产值上千万元，其中"电荷耦合快慢钟"使某厂积压的 40 多部雷达得以更新出场，价值 4000 余万元。

抢占数字信号处理先机

毛二可对本振源问题的解决，奠定了中国雷达动目标显示和检测研究的基础。但是，随之而来的是动目标显示与检测的处理能力问题。

动目标显示技术利用运动目标和固定目标回波在相位信息上的差别进行信号处理。由相位检波器输出的固定目标的回波幅度在相邻几个周期内基本固定，而活动目标的回波幅度则是起伏的。这些信号经过对消器后，固定目标被对消

图 5-3　毛二可与同事在做实验

掉，活动目标则能保留。动目标显示系统的质量取决于一系列因素，包括发射机的频率稳定度、雷达本振源的频率稳定度、相参振荡器的频率稳定度、对消器的质量（包括对消比的大小、动态范围、带宽等）以及相参接收系统定相质量的优劣。其中每个因素都影响到加装动目标显示后系统的改善因子。雷达动目标显示和检测功能要求雷达能够按照一定时间延迟雷达回波信号。

随着信息论和无线电技术的发展，相关分析已成为现代信号分析和处理的重要工具，相关检测已是计算相关函数、实现相关分析和检测噪声中周期信号等方面的一种有效手段。[1]20 世纪 50 年代以来，人们就开始采

---

① 高振明、张元亭：电荷耦合器件（CCD）相关器及其特性分析。《山东大学学报（理学版）》，1982 年第 4 期，第 49-60 页。

用模拟或数字方式实现各种类型的信号相关处理系统，并在通信、自动控制、系统测量和生物电子学等方面获得应用。在技术上，用简单电路可控地实现对模拟信号的连续延迟，一向是比较困难的。60年代末期之前的动目标显示系统中均用模拟延时线做对消器，称为模拟动显。70年代初，微处理器的出现，使数字集成电路的性能产生质的飞跃，能够满足动目标显示功能对信号延迟处理的要求。与模拟对消器相比，数字对消器能有效提升动目标显示系统在延迟时间控制上的灵活性，具有良好的性能。

毛二可在70年代中期研制成功熔石英延时线，解决了动目标显示关键技术。但是，由于熔石英延时线是模拟电路，系统延迟时间不灵活；且熔石英会受到温度的影响，在稳定性方面有缺陷。70年代末，毛二可在一次查找资料时发现，美国已经通过数字技术解决了延迟时间的灵活控制问题。虽然当时电路集成度不高，数据处理速度也比较慢，但他敏锐地认识到数字信号处理是未来的发展方向。然而，微处理器的价格昂贵，数字动显的成本很高，在美国也没有普遍应用，中国更是很难将其应用在雷达上。毛二可和韩月秋、费元春、胡杏生、肖裔山、邓克勤、戴润林、徐叙

图5-4　1984年12月，毛二可（前排右六）参加兵工部206所在陕西西安召开的科研成果部级鉴定会

兴、邬光浩、任秀珍等老师组成攻关团队，苦苦找寻可以替代的方案。

一个偶然的机会，毛二可看到了一份美国著名照相机生产公司——柯达公司的技术资料，里面提到一种被广泛应用在摄像机、传真机和扫描仪等民用电子产品上

图 5-5　1981 年 9 月，毛二可在意大利佛罗伦萨参加数字信号处理国际会议

的电荷耦合器件（CCD）。这是一种数模混合型的半导体器件，主要用途是固体成像、信息处理和大容量存储器。CCD 于 1969 年由美国贝尔实验室的维拉·波义耳和乔治·史密斯发明。它能够把光学影像的图像像素转换成数字信号，其对信息的表达具有更高的灵敏度。通过 CCD 器件取得影像信息的特点是时间离散、幅度连续，具有模拟系统的特点，与数字系统相比，它还有体积小、重量轻、造价低的优越性。

毛二可想，也许可以利用数字信号控制 CCD 器件，来产生不同的信号延迟时间。经过比较 CCD 器件和数字器件各项性能，他发现数字电路需要八路移位寄存器做延时，而 CCD 只需要一路就可以了，这样在实际应用时就更加简单；另外，CCD 的幅度是模拟的，相比数字方式便宜很多，在国内当时的情况下，更容易实现批量化生产和应用。

他立即将研究情况向系里领导做了汇报，并提出为了验证实际效果，需要购买 CCD 的申请。因为 CCD 本身是一种普通民用光数转化电子器件，在国外并非管控元器件，系里很快为课题组采购到一批美国产的 CCD 器件。通过实验检测，用 CCD 做延时线比熔石英延时线的性能更加出色！

与美国动目标检测技术相对比，中国研发的 CCD 延时技术成本低、效果更好。在此之前，没有人想到将 CCD 用到动目标显示系统上，毛二可是首个在世界上提出这个大胆设想的人。

在 70 年代中期，毛二可曾采用熔石英延时线研制出"小 860 雷达"

动目标显示系统，成功研发 CCD 延时技术后，他计划尽快开展利用模数混合电路技术实现雷达动目标检测的研究。但在准备实验设备时，他发现系里雷达场中现有的雷达都不能达到实验要求。实验要求既能够在实验室中直接开机、看大目标，实验雷达又不能功耗太大，否则开机耗电过高，现有电力无法承受。经过比较他认为国产 403 微波雷达比较符合实验要求。于是在一次接待中国人民解放军总参谋部电子对抗与雷达部领导到电子工程系调研指导的时候，毛二可将他们最新的研究情况做了汇报，并提出想要一部 403 雷达用于动目标显示和检测科研。部队领导对动目标显示系统的研究给了了充分肯定，当场决定无偿调拨一部正在山东服役的现役雷达给学校，用于雷达技术研究室的科研工作。就这样，拿着对抗雷达部签发的正式批文，毛二可组织课题组师生从山东雷达阵地将雷达拉回学校。

按照实验室设计要求，雷达天线被架设在北京工业学院四号教学楼的楼顶，从楼顶打洞穿线，将主要发射机、接收机、显示器等设置在雷达天线下方的实验室，就这样，经过完善其他配套设施，建成高端雷达实验室。四号楼顶上高高耸立的雷达天线，也就此成为校园中一道独特的风景线。

雷达架设好后，并不能马上用于科研工作。因为 403 雷达并非专门的实验雷达，本身不需要非常稳定的频率，所以稳定度比较差。为达到实验要求，课题组对其进行了几个比较大的改造，一方面是提高雷达的频率稳定度。他们用高压大电容加在雷达发射机电源后头进行滤波，控制发射机上万伏电压的稳定，防止出现纹波。另一方面改造发射机灯丝的供电。灯丝的供电是悬在上万伏高压下的，原来用交流电导致磁控管频率不稳。为了解决这一问题，毛二可就在交流供电的电路里加上二极管和滤波，将交流供电改成直流供电，同时整个电路还工作在原来的高电压下。经过这两个改造，403 雷达的频率稳定度达到了实验要求。

403 雷达为解决当时雷达科研难题，尤其是对动目标显示和检测的研究创造了极好的条件。"虽然那时候我国的飞机少，等一会儿才能来一个，但都能通过雷达看到，所以这个给我们科研创造了很好的条件。可以说这个 403 雷达功不可没，当时对我们的科研起了很大作用。"① 有了 403 雷达这个大助力，毛二可和同事们能够坐在实验室里随时开机，随时可以看到目标，这让他们的科研工作如虎添翼。此后几年，以国产 403 雷达为最主要的实验设备，毛二可持续开展了将数模混合的 CCD 延迟技术应用在动目标显示和检测系统的研究。用毛二可的话来说，就是"开始在上面摸爬滚打做实验"。他相继解决了应用 CCD 做信号处理的所有问题，包括微波频率稳定度等一系列技术难题，不仅改进了雷达动目标显示（MTI）经性能，并采用 CCD 延时做多路滤波，实现了动目标检测（MTD）。在模拟电路下，动目标显示系统仅能给出目标是否存在的判断信息，也就是只能指出目标有无。而采用数模混合电路后，动目标显示系统可以提供目标多维度信息，雷达对动目标的判断更为精准清晰，做到真正名副其实的目标检测。这一改进，使动目标显示系统的性能有了大幅度提升。

毛二可并未急于将研究成果发表出来，而是开展了大量实际和琐碎的工程研究工作。他带领团队走出校门和实验室，登舰船、下连队，将成果推广应用于我国多部现役雷达型号的技术改造中。直到 1981 年，毛二可和韩月秋才把相关成果写成论文发表在第六届国际数字信号处理会议，并受邀于 10 月赴意大利参加会议并宣读论文，与国际同行面对面交流，中国特色创新赢得了国际同行的高度评价。

1980 年 10 月 14 日，"米波雷达动目标显示的 CCD 对消器及定相技术"成功申请国家发明专利，主要发明人有戴润林、毛二可、胡杏生、邬光浩、任秀珍等，其主要技术和优势是"采用 CCD 做对消器，运用'快慢钟'控制工作，解决了在 20 毫秒重复周期的延时对消问题；对米波宽脉冲，调制波形不好的雷达采用延时和宽度可调的选通脉冲，选择定向脉冲中频率较稳定且不受距离回波影响的部分作为定相之用，提高了定相质量。"

CCD 器件虽然是模拟和数字信号发展的过渡期产物，但它在当时切实解决了我国动目标显示和检测的关键问题，而且具有成本低廉、运用简单等优点，所以能够得到广泛应用，一直到 80 年代初期。

---

① 毛二可访谈，2017 年 3 月 15 日，北京。资料存于采集工程数据库。

1981 年，"用 CCD 做对消器的微波雷达动目标显示系统"获得国防工业办公室重大技术改进奖二等奖。利用 CCD 构成的数模混合的动目标检测处理机，其动目标检测性能达到当时国际先进水平，在南疆保卫战中，这套装置为我军夺取胜利作出了关键性的贡献。

1985 年 12 月，"模数混合动目标检测处理机"获国家发明专利，这是我国的第一批国防专利。1987 年 12 月，"模数混合动目标检测处理机"获国家技术发明奖二等奖，是当年军用电子学领域的国家级最高奖。动目标显示与检测方面的研究成果，在"三公分窄脉冲雷达加装动目标显示系统""某型动目标显示雷达""CCD MTD 在炮瞄雷达中的应用"等多项国防科工委重大项目中成功应用，毛二可团队为此获得了多项荣誉，在雷达信号处理领域赢得了国际声誉，也坚定了他自主创新的决心。

毛二可在 20 世纪 70 年代末凭借对技术变革的敏感，抢先一步开展数模混合动显系统研究，并取得了成功。此后，他一直密切追踪数字信号处理技术的发展，抓住时机进行创新性研究，带领他的科研团队以动目标显示课题为核心，不断开展新型产品研发，并形成了一系列重要研究成果。毛二可非常重视学术研究成果的推广应用，在应用中不断发现新问题、进行新探索、取得新成就。在他的正确决策下，雷达技术研究室进入了快速发展时期。80 年代，毛二可再次敏锐意识到数字化时代即将到来，开始转向数字信号处理和高精尖雷达系统的研究，带领团队向新体制雷达研发方向的转型。

第六章
在转型中发展

研发新体制雷达

丘吉尔曾说："雷达是战胜法西斯的一件法宝"。第二次世界大战期间，雷达技术趋于成熟。随着美国数学家香农提出信息论的概念，信息论被应用于雷达领域，引发了雷达技术的革命。20世纪中叶起，各种新体制雷达开始层出不穷。经过半个多世纪的发展，现代雷达技术形成了高分辨、智能化、数字化等多种新的发展趋势。

20世纪80年代开始，毛二可领导的雷达技术研究室主要围绕数字模拟信号处理研制产品，他研发的CCD雷达信号处理技术，当时不仅国内没有人做，在世界上也是绝无仅有的，因而在这一领域一直处于国际领先地位。这一时期，北京工业学院雷达技术研究室凭借在数字电路技术方面的优势迅速发展，国内多家单位纷纷与其合作，以解决信号处理方面的问题。

那时候我们项目经费都比较充裕，发展比较快。至少在那段时间，国内做 CCD 数字处理，我们是最好的，得奖也都跟它有关系。①

雷达技术发展到一定阶段后，技术变革的速度更加迅速。毛二可并没有因为 CCD 大获成功而故步自封，反而更加密切追踪数字技术发展的信息。1982 年，美国成功推出第一代 DSP 芯片及系列产品，使他意识到 CCD 技术的优势在渐渐消失，未来终将被 DSP 代替。

1985 年，中国科学院声学所举办了一个学习班，学习 DSP 芯片的使用。中国电子学会信号处理分会参与了这个学习班的组织工作，毛二可正是这个分会的理事。得知这一情况后，毛二可马上安排学生郭学雷参加第一期学习班。郭学雷当时正在毛二可和韩月秋的指导下读研究生二年级，学习结束后，他把在学习班掌握到的 DSP 芯片相关知识向两位指导老师详细作了汇报，还制作了一个电路，向二位老师演示了 DSP 芯片应用在各个场合的实验效果。看到演示后，毛二可和韩月秋惊呆了，原来这个东西这么好用!

为什么两人如此吃惊？其实这个实验效果跟他们以前用 CCD 实现的功能是一样，区别在于方法不同。用 CCD 的方法，需要花费的时间成本很高，调试的困难程度和精细化要求都非常高；而现在用 DSP 芯片技术，只需要动动键盘就能做出同样的效果。毛二可和韩月秋认为，这个芯片具有广阔的应用前景。他们当即决定，马上开始研究 DSP 芯片在雷达信号处理方面的应用，并安排郭学雷开始着手具体的实验研究。

他们先是从美国购买了 DSP 芯片，开展 DSP 系统的自主研发，以最快速度将 DSP 芯片投入雷达信号处理的应用中。当时，美国 DSP 芯片的价格高昂，仅构造一个雷达信号处理系统的硬件就要花几万元人民币，这些经费投入全部是雷达技术研究室自掏腰包。要知道，在 80 年代，国内一名大学教师的月工资还不到 100 元，毛二可他们对这项科研的投入可以用"一掷千金"来形容。

---

① 毛二可访谈，2017 年 5 月 27 日，北京。资料存于采集工程数据库。

80 年代，美国推出了 TMS3210，就是第一个 DSP。我们觉得这是一个机遇，所以就开始摸索学习这些东西。高等学校对这个新东西反应比较快，我们很快掌握了这个技术。随着器件不断发展，102、025、3050 这么一直发展下去，我们一代一代往下跟。①

在国内，北京工业学院雷达技术研究室是在雷达领域最早开始数字信号处理及开发应用的单位，在数字电路技术方面处于领先地位。当时国内企业的科研力量相对薄弱，对新技术的大规模应用相对滞后，毛二可却已经开始将数字信号处理技术应用到企业雷达设备中，所以当时很多雷达厂家都上门找毛二可团队做数字信号处理。毛二可改变以前的工作方式，开启了校企合作模式。他开始将数字信号处理技术应用到一些与雷达厂合作的项目中。例如，在与国营南海机电厂和北京无线电总厂的合作中，毛二可团队将最新的 DSP 芯片在动目标显示和检测设备上进行应用。当时国际上还没有先例，可以说，整个 80 年代，毛二可带领雷达技术研究室紧跟世界数字技术发展脚步，将先进技术创新引入传统雷达信号处理，这个"一招鲜"让雷达技术研究室在国内雷达领域整整 10 年处于技术领先，毛二可团队走在了国际前列。

通过校企合作，毛二可团队的经费一下子就充裕了很多，因而有能力对新技术持续更新换代。当时，团队每个人几乎都在用 DSP 芯片做实验，数字电路研究进行得如火如荼。80 年代后期，毛二可运用数

图 6-1　20 世纪 90 年代，毛二可针对某特殊用途的测量雷达提出一种创新体制（图为原理样机的天线和信号处理设备）

---

① 毛二可访谈，2018 年 10 月 26 日，北京。资料存于采集工程数据库。

字电路提出了雷达动目标检测及跟踪处理机的新方案，在多种型号雷达中成功应用，提高了跟踪雷达抗杂波的能力和跟踪的速度及精度，相关技术"波形分析动目标跟踪处理机"在1994年获国家发明专利。

然而，90年代以后，毛二可发现，只研究信号处理的雷达技术研究室将很难持续发展，原来的"一招鲜"不灵了。随着改革开放的深入，国家经济和技术发展都在发生翻天覆地的变化，雷达研究同样面临生存环境的巨大改变。从外部来说，军用雷达研究开始出现激烈的竞争，本来北京工业学院雷达技术研究室的工作是给雷达整机配处理机，随着国内一些研究所逐渐掌握了雷达部件的独立研发方法，学校在传统领域保持多年的优势逐渐式微。从内部来说，雷达研究是个工作辛苦但收入不高的行业，毛二可培养的许多优秀人才陆续离开了雷达技术研究室，很多高中生在报考大学时也更热衷于选择就业好、收入高的专业。

学生龙腾总结了这一时期毛二可面临的"三座大山"：

> 第一个是旧有领域的危机，人家已经会做了，不需要你了；第二个是运行模式的危机，学校里有些人不一定认可；第三个是人才流失的危机。这对毛老师是巨大的考验，但是他在这种情况下表现出的韧性是不可想象的。①

这些现实问题直接决定了雷达技术研究室的发展还要不要坚持以雷达为主的科研方向？有人主张将研究室的科研方向转向赚钱最快、最多的电子技术研究领域。面对新情况，毛二可从我国国防事业的需求出发，力排众议，坚持研究室的定位不变："我国的国防事业需要雷达技术，我们的研究专长在雷达技术，研究方向不能改变。"

然而，如何在复杂的环境中既坚持雷达的研究方向，还要拓展新的生存空间？毛二可和雷达所的同事都陷入了新的抉择中。

1987年5月，毛二可被中华人民共和国国防科学技术工业委员会聘为

---

① 龙腾访谈，2017年9月6日，北京。资料存于采集工程数据库。

"精确制导技术"专业组副组长，组长为陈定昌，就此参与了精确制导方向国家级重大科研课题研究，开始了与中国航天科工二院的多次合作。雷达技术研究室负责研发的并非之前单纯的信号处理器，而是数字信号处理器与导引头结合的系统，相当于雷达的一个小系统。这次合作为毛二可打开了思路，让他找到了未来发展方向。

"我们在雷达系统方面要搞新东西！"这句话不仅是毛二可的豪言壮语，也是他对雷达技术未来发展的清醒判断。为了统一思想，毛二可组织了多次讨论会，最终大家取得了共识：雷达技术研究室要充分利用自身搞雷达的时间长、雷达系统的概念基础比较好的优势，信号处理不能丢。以后要向雷达系统发展，搞雷达系统技术。另外，可以研究一些小型的雷达，一些确实能符合我军作战需要的雷达。

按照毛二可的设想，雷达技术研究室要研究的雷达系统应该是能够发挥自身特长的新体制雷达。当时研究室里很多人都有点想不通：一个仅有十几名教师、只搞过雷达部件的高校研究室，连专业方向都不齐全，没有天线、微波、机械加工等实力，怎么可能建造雷达系统整机呢？老师们的心里都没底。但毛二可对自己确立的发展方向很有自信。他说："我们要研究的雷达整机，不是传统、成熟的雷达，也不是国外先进雷达的简单翻版，应是符合雷达技术发展规律，从我军未来作战需求出发，独立自主地提出全新的解决方案。研究这种新体制雷达可以发挥我们的优势，这是我们这个团队唯一的出路！"

其实，毛二可非常清楚，雷达的大工程、大机械件并非高等学校的优势。学校如何在强手如林的同行竞争中生存和发展？如何为提高国家的自主创新能力作出贡献？这需要发挥高校智力密集的优势，在研制新体制雷达上下功夫。毛二可审时度势，看到了国防科技的发展趋势和未来战争的实际需要，也看到了自己团队潜在的优势。他的学生们发现，毛老师又研究起了宽带高分辨雷达信号理论，开始了现代新体制雷达的研究。每当科研上遇到"拦路虎"，他总是习惯翻翻案头的经典雷达文献，看看能不能启发思路，例如《雷达系统导论》，从第一版到第三版，包括原版和中译版，毛二可不断研读，时常能从中揣摩出新意来。

什么是新体制雷达？毛二可曾做过一个通俗的解释：

> 雷达通过发射电波探测空中飞行物，但随着隐形飞机出现，普通雷达失去了作用，而一种新体制雷达能做到"活捉"隐形飞机。普通雷达有相对固定的工作波段，隐形飞机专门针对这些波段进行"伪装"，让普通雷达看不出来。新体制雷达的工作波段与普通雷达不同，发射的信号也可以具备不同的特征，通过新的手段和方法对这些信号进行处理，就可以让隐形飞机现形。当然新体制雷达的研究并不仅仅针对隐形飞机的检测，在陆、海、空、天等多个领域都有广泛应用。

图 6-2　20 世纪 80 年代，工作中的毛二可（中）

毛二可长期追踪国际新体制雷达的前沿阵地，把握整个团队的发展方向。这个方向，从学术和战略而言，就是研发各种新体制雷达；从学风和战术来论，是结合国家需求进行系统和技术创新。

毛二可的博士生李凝深有感触地说："毛院士带领我们从事的技术创新，其创新源并非来自书本或外文资料，更不是亦步亦趋地追随国外的技术路线，而是一种来自实践的创新精神。他总是从我国国防建设亟待满足的需求中，特别是从部队对雷达新技术的迫切期待中，敏锐地找到创新点，长期坚持不懈地进行科研攻关，并且重在积累。"

1992 年 8 月，毛二可带领团队完成 ZL3-2 雷达视频信号处理机技术——波形分析动目标跟踪处理器。该设备于 1989 年初开始设计，硬件上采用了先进的 DSP 芯片 TMS320C25，这是国内当时能拿到的最好产品，是北京理工大学雷达研究室为上海有线电厂设计的。

在雷达系统中采用距离高分辨率信号具有很多优越性，频率步进信号

图6-3　20世纪80年代初，毛二可在河北易县参与信号处理分系统的机载试验

是其中重要的一种。它由一串载频线性跳变的雷达脉冲组成，通过对脉冲回波的 IFFT 处理获得距离高分辨率的效果。这种信号可以在获得距离高分辨率的同时，降低对数字信号处理机瞬时带宽的要求。频率步进脉冲雷达是一种重要的高分辨率雷达体制。但当时的器件水平受限，只能采用这种窄带宽的方式来实现。90 年代，宽带脉冲多普勒慢慢开始应用起来，毛二可及时跟进频率步进信号处理技术的研究，并指导郭学雷研究频率步进脉冲雷达合成信号处理技术，郭学雷的博士毕业论文就是以此为方向。

之后，毛二可又提出来宽带脉冲多普勒，用相对测量的方式来测距测速，并发表了《频率步进雷达数字信号处理》等系列文章。

脱靶量测量系统

新体制雷达研究迈出的第一步，是研制矢量脱靶量测量系统。

矢量脱靶量测量系统主要用于检验导弹是否命中目标，如果没有命

图 6-4　20 世纪 90 年代中期，矢量脱靶量测试系统研制成功
（毛二可身后为脱靶量测试雷达的通讯天线）

中，需要测出打靶偏差的距离和方向，是国际上公认的难题。

1989 年，在一次会议上，我国海军某试验基地领导表示，基地急需一种可以安装在靶船、靶机以及地面靶标上，能快速测量导弹脱靶量的电子系统。军方希望做一个空间上几乎全方位的测量雷达，能测量导弹与靶标交会的方向和距离。与会的科研机构代表个个摩拳擦掌，跃跃欲试。然而，军方紧接着又提出一个要求：测量精度必须超过一般雷达。会场顿时鸦雀无声，大家都知道，当时国内外已有的测量方法都不能完全满足军方的需求，该类型设备在世界上尚无成熟先例。

"我们来做！"一片寂静中，毛二可的声音斩钉截铁。面对这样一个世界级的难题，毛二可并没有被吓倒，他敏锐地感觉到，这种系统有可能是雷达技术研究室一次难得的"转型"机遇。

脱靶量是指导弹和靶标遭遇过程中导弹相对靶标的偏离量，是评价导弹武器性能的重要参数。脱靶量分为标量脱靶量和矢量脱靶量，标量脱靶量是导弹和靶标遭遇过程中，弹、靶之间的最小相对距离。矢量脱靶量还涉及弹、靶遭遇过程的相对运动轨迹和相对速度矢量。脱靶量测量主要依靠脱靶量测量雷达来完成，在军事上，脱靶量测量结果的关键应用是在靶场试验鉴定中，对导弹命中精度进行定量评估。由于具有重要的军事意义，脱靶量测量是各国严格保密的核心技术。"二战"后，脱靶量测量技术在国外得到迅速发展：20 世纪 80 年代美国研制的标量机载设备测量半径可以达到 0~61 米，测量精度误差在 1.524 米以内；90 年代，美国生产的标量机载设备测距范围为 0~30.5 米，测距精度误差在 0.61 米以内，测速精度误差不大于 1%。中国从 20 世纪 70 年代开始跟踪模拟脱靶量测量技术，取得了一些进展，但直至 90 年代初仍然停留在只能相对准确地测量出最小脱靶距离的水平上。例如，国内电子部某所在 20 世纪 80 年代中期研制了一种"脉冲波"体制的标量脱靶量测量设备，即时测量范围是 15~60 米，小于 15 米的脱靶量要靠后期数据处理得到，测量精度误差在 2 米以内。航天部某院在 20 世纪 80 年代末研制出一种标量脱靶量测量系统，测量精度误差为 15%。在现代战争中，导弹命中精度成为影响战局成败的关键，由于战术导弹依靠雷达引信探测和识别目标方位，我国脱靶量测量水平的滞后直接影响战术导弹的发展，造成整个相关链条上一系列重大的技术差距。

20 世纪 90 年代起，美国、英国率先开始了矢量脱靶量测量研究。随着中国精确制导武器技术的发展，中国海军作战急需一种能够准确测量导弹脱离靶心距离和轨迹的新型雷达装置，矢量脱靶量测量研究工作由此提上了日程。

矢量脱靶量测量研究的开展，首先要解决的问题是反舰导弹命中精度测量，以此评定反舰导弹的性能。以往我国反舰导弹命中精度的测量是靠地面光学设备光学经纬仪来完成。在测量反舰导弹脱靶量时，要同时使用几台光学经纬仪一起配合，才能把导弹末段的弹道记录下来，再通过进一步计算得到脱靶量。这种光学测量方式有很多不足：首先，光学测量受光线和天气因素的影响很大，不能做到全天时和全天候测量；其次，光学测量的作用距离十分有限，一般在能见度好的情况下只能捕获到 20 千米以内的目标，海上测量由于湿度比较大，其捕捉范围受到进一步限制；最后，光学经纬仪在地面进行测量，与靶标处于两个坐标系下，需要后期处理才能得到测量结果，实时性较差。当时美国和英国采用距离交会定位法进行矢量脱靶量测量，这种方法要在飞机上安装多个天线，测出每个天线到目标之间的距离，目标的坐标就是这些天线所在点的球心交点处，然后通过逐点推算得到整条导弹的相对弹道。距离交会定位法是发达国家当时的军事机密，中国几乎没有渠道能够了解这一技术的相关信息，只知道当时英、美脱靶量测量所能达到的技术指标。

毛二可用一个比喻形象地解释脱靶量:"导弹在打靶的时候,可能打到靶心上,也可能擦着边打飞了。如果打飞了,我们需要知道它偏离了多少角度,偏离时的速度是多少,以便在后续设计中予以改进,提高命中率。打靶时,人肯定不能待在靶弹、靶机或者靶船上实测,所以必须要有一套测量手段,雷达就是很好的方式。"[1] 然而,相对于目标靶,时速几千千米的导弹几乎就是一闪而过,要追踪它的踪影,谈何容易。如果直接测脱靶量,技术难度大,还会让雷达整机更加复杂。西方专业人士曾将脱靶量检测比作"从干草堆上找一根针",其难度可想而知。

如何立足国内现有条件,跟踪模拟国外先进雷达的研制方法,攻克矢量脱靶量测量的技术路径,追赶甚至超越国外脱靶量测量达到的技术指标,成为毛二可团队的目标。回到学校后,毛二可立刻投入工作。他综合多种雷达体制和处理方法,独立自主地提出了一种采用复杂天线和数据拟合处理的脱靶量测量系统,并很快获得军方的立项支持。

1992 年,雷达技术研究室正式开始脱靶量测量系统研制。参加脱靶量研究的有何佩坤、周冬友、肖裔山和邓次平等。1993 年 4 月,毛二可向学校提出在雷达技术研究室基础上成立雷达技术研究所,10 月 12 日获得批准。

在明确需要追赶的技术目标后,毛二可首先思考的是可供选择的方法。从测量范围和测量精度两个方面综合考虑,毛二可团队决定采用北京理工大学雷达所擅长的无线电微波方式来测量脱靶量。英国、美国所采用的距离交会定位法同样属于电磁波测量领域,但是,在距离交会定位法相关技术高度保密的前提下,毛二可只能从已知方法入手,摸索测量矢量脱靶量的方法。

他首先想到的是相位差法。相位差测量是雷达领域的一种常见方法,利用发射的电磁波反射回来到达两个不同位置的天线形成的相位差来确定被测物的坐标。在决定采用相位差法进行脱靶量测量后,毛二可团队利用国内技术成熟的脉冲波体制的多普勒雷达,在两年多的时间内完成了初样

---

[1] 张航:自行车上的院士毛二可——打造中国人自己的"千里眼"。《北晚新视觉》,2019 年 2 月 15 日。

的研制。1995年，毛二可成功研制脱靶量测量雷达，达到国内已有标量脱靶量设备的技术指标，但是矢量测量的目标功能还没实现。

1995年，吴嗣亮从哈尔滨工业大学博士毕业，来到北京理工大学雷达所读博士后，他在博士阶段从事的研究是阵列信号等超分辨数据处理方法，具有较高的理论水平。毛二可对年轻的吴嗣亮委以重任，邀请其担任矢量脱靶量测量技术研究的课题负责人。吴嗣亮基于博士期间研究的谱估计理论，运用数学方法证明了弹道和相应相位差曲线之间的唯一性问题，这样只要把相位差曲线测出来，就一定能够反推出一条唯一的弹道。毛二可、吴嗣亮团队通过对相位差法和脉冲多普勒雷达的改进与结合，完成了在矢量脱靶测量雷达研制技术上的第一阶段创新，形成了能够有效测量弹、靶在遭遇过程中末段矢量轨迹的"多普勒频率－相位差历程法"。

随后，他们很快就提出了测量方案，即采用双通道接收的脉冲多普勒雷达，在靶船上采集弹、靶交会过程的导弹多普勒回波原始数据，同时，利用航向姿态测量装置同步测量靶船的姿态，并利用遥测设备将应用数字谱分析方法采集到的非线性多普勒频率相关数据传送到岸上。

研制脱靶量测量雷达过程中，有大量的试验需要在海军外场试验基地做。基地的条件相当艰苦，夏天阳光曝晒，冬天海风刺骨，海上作业甚至有生命危险。

每次去海军基地做试验，毛二可都和学生们一起住简易招待所，晚上只能靠电热毯抵御风寒，白天在剧烈摇晃的船上做试验。有一年冬天的天气特别寒冷，船板上都结了厚厚的冰。一天毛二可带着学生们在船上观察调试设备，一个学生抱着仪器在甲板上行走时，不小心脚下一滑，半个身子掉进了冰冷的海里，如果不是毛老师一把抓住仪器的电缆拉住了他，后果不堪设想。虽然已年近六旬，但毛二可像一名普通的技术人员一样，不顾海上风浪的颠簸，坚持跟着靶船到海上航行，他还经常亲自爬到船上的悬梯查看每一个细节。有一次毛二可带领团队在海上连续工作了两天一夜，人已经筋疲力尽。返航途中，基地又发来指令，要求他们连夜再赶赴打靶海域，从靶船上取回数据。当时海湾的风浪很大，靶船的支架足13米高，白天爬上去取数据都非常危险，何况是深夜。但在接到通知后，毛

图 6-5 海上矢量脱靶量测试实验靶船

二可带着课题组立即掉转船头驶回外海，及时取回了数据。

1992—2000 年，八年的时间里，毛二可带领课题组成员反复重复着：在实验室分析问题，修改电路和程序，到靶场打实弹、做实验，再到基地做外场试验……这样的工作一年循环六七次，就是在这种反反复复地总结、改进中，项目研究被一步步向前推进。由于脱靶量测量当时在世界上尚无成熟先例，毛二可他们很难借鉴前人技术，只能自己摸索着干。其间，研究一度陷入胶着状态，多次设计都失败了，项目经费也出现拮据，一系列的坏消息让课题组人人焦躁不安，很多人甚至失去了信心。一向乐观的毛二可也没有料到，拿下这种新型雷达的困难竟然如此之大。

毛二可和团队呕心沥血，历经多次失败，科研经费拮据，参与这项工作的老师们一度都失去了信心。生活上、体力上的辛苦都算不了什么。当研究陷入困境、长时间看不到希望的时候，毛二可坚定不移地鼓励大家："我们的原理没问题。只要坚持下去，就一定能成功。"他身上特有的坚韧不拔的意志和锲而不舍的精神，使他成为大家的主心骨，将大家凝聚在一起。

图 6-6　20 世纪 90 年代，毛二可（站立者）和课题组成员出海做矢量脱靶量测试实验

　　脱靶量项目从原理论证阶段开始，就要做大量的实验。但实际条件不允许频繁地到靶场或靶船去打实弹。于是，毛二可就想了很多办法，让课题组能在校园里做实验。

　　其中，有一个"土发明"实验方法，让毛二可和他的学生们印象至深。为测试运动目标的多普勒效果，他们想到用人来做靶标，开始时尝试用骑自行车的方法，测试发现自行车速度太慢，又专门买了一辆摩托车用于实验，为此全所上下都学会了骑摩托车。那时一到周末，空闲的大操场就成了毛二可和学生们的临时试验场。为了得到可信的实验数据，毛二可坚持亲力亲为。他经常骑着

图 6-7　毛二可（右）带领学生用大弹弓进行脱靶量
测量试验

摩托车跑来跑去当靶标。随着研究的推进，测试发现摩托车的车速还是太低，与真实的情况相差太远。而如果在试验基地发射炮弹来获取数据，花费会很高，一发炮弹几百块钱，当时课题组并没有那么多经费。这可怎么办？毛二可想起小时候跟着毛大可做弹弓打鸟的情景，突发奇想，用角钢和输液管自制了一个大弹弓，又买来鸡蛋大小的钢球充当炮弹。毛二可利用打麻雀用的小弹弓的原理，发明了这个大弹弓，打出的钢球代替炮弹作为运动目标，进行雷达跟踪测试。这么一个简单的发明，解决了平日实验中的模拟目标问题，节省了十分有限的科研经费。外人不会想到，在监测现代化的导弹设备里，居然还有这么个"土家伙"。因为打弹弓会影响到校园里行人的安全，所以毛二可对节假日"情有独钟"。1994年元旦前夕，毛二可紧急通知课题组，说"第二天是元旦，操场没人，我们做实验去"。就是这样，每逢学校放假的日子，尤其是春节期间，就成了课题组成员们难得的实验时间。最后，连课题组的女学生也巾帼不让须眉，成了"弹弓高手"。

毛二可说："设备最后研发成功，大弹弓可谓功不可没。现在，这种设备已在部队批量应用，采购方还把大弹弓作为配套设施，要求雷达所提供呢。"

毛二可从无数次的失败实验中发现，直接测量脱靶量的思路不仅技术复杂，更难以走通。在团队即将走入"死胡同"的路口，毛二可突然改变方向：既然直接测量走不下去，可否间接进行测量？这是全新的测量原理，在此之前，国际上都没有人尝试过。

间接测量的原理是：如果是零脱靶量，就是所有导弹飞过来后降落时应该保持匀速运动；如果出现脱靶，导弹从边上飞过去，雷达测得的是径向速度，在雷达上是一个投影，而且不同脱靶的速度投影是不一样大的，从而根据脱靶与否导致的速度投影反推脱靶量和脱靶矢量。这样的雷达也会非常小巧，能装在各种各样的平台上，甚至在靶机上都能测脱靶量。

经过不懈的努力，毛二可带领课题组最终高质量地完成了任务。他们在八年间进行了大量测试，最终成果的测量精度完全超出预定指标，并于2000年正式投入使用。课题组终于完成了系统定型，填补了国家的一项空白，成果得以在我国陆海空军广泛应用。如今这个项目已成为北京理工大学雷达所的一个增长点，由吴嗣亮教授带领课题组，已把它发展为陆海空领域的系列设备。

近几年，在成功研制第一代脱靶量测量系统的基础上，团队又对该系统进一步创新和完善，取得了突破性进展，成功研制出了精度和可靠性更高、体积更小、操作更方便的测量系统。目前，这套系统很快将在陆海空各种平台广泛应用。

一位军队高级指挥员评价说："毛二可院士及其创新团队研制的测量系统，就是用先进的科学技术确保我军的导弹能够精确击中目标，为赢得战争胜利提供最可靠的保证。"[1]

2000 年后，我国国防事业对矢量脱靶量测量雷达的需求逐渐增多，也对毛二可和他的科研团队提出了许多新要求。一方面，此前研制的矢量脱靶量测量雷达采用的是脉冲波体制，该体制的靶载设备结构复杂、造价较高，整套设备安装在靶船上，存在被所测导弹击中的可能，军方进行大量打靶试验时损失较大，需要降低成本。另一方面，脉冲波体制没有对极近目标的直接测距功能，不能满足反舰导弹中的"近失弹"和航空导弹所需要的直接测距的矢量脱靶量测量，使得中国的矢量脱靶量测量雷达只能应用在部分靶船上。而国外基于窄脉冲体制的矢量脱靶量测量雷达，不仅可以应用于靶船，还可以应用在靶机及地面上。解决上述问题成为毛二可带领团队进行第二次创新的技术目标。

要想降低成本，就要选择结构简单、造价低的雷达体制。

正弦调频连续波是一种传统的雷达体制，20 世纪 60 年代就有很多人研究过，甚至已经被商用。其最大的优点是结构简单、造价较低，但是，正弦调频连续波体制的接收是单通道的，没有直接测距功能。能否解决正弦调频连续波体制的测距问题，成为能否采用该种体制雷达的关键。经过深入研究发现，虽然单路正弦调频连续波体制没有直接测距功能，但是其接收到的波形幅度数据中含有弹靶距离信息。为了利用所得幅度

<hr />

① 龙腾：大师的风范 创新的团队——记北京理工大学毛二可院士及其创新团队。《学位与研究生教育》，2006 年第 8 期，第 1-4 页。

图 6-8 21 世纪初，毛二可在调试实验设备

数据中弹靶距离的相关信息，并将诸多的影响因素排除掉，毛二可、吴嗣亮团队从相位差法出发，将原来的单路接收改成双支路正交接收，并且采用对双支路数据作比值的方式，将影响幅度因素的很多不相关物理量消掉，由此得到两个支路的幅度比值和距离之间的单调函数关系，从而解决了正弦调频连续波体制的直接测距问题。

通过对雷达体制的应用优化，实现了雷达研制的第二次创新，使得基于正交双支路正弦调频连续波体制的雷达设备的应用范围得到了大幅拓展。同时，利用正弦调频连续波体制结构简单的优势，有效降低了设备的造价成本。它是可靠性更高、体积更小、操作更方便的脱靶量测量系统，成功地解决国防建设中的难题，填补了国家一项科研空白。

脱靶量测量技术及相关雷达设备研究取得了重大成果，截至 2011 年，包括中国在内，世界上只有 3 个国家完成了矢量脱靶量测量雷达的研制，其中，英国和美国分别在 1992 年和 1998 年研制成功。

2010 年，矢量脱靶量测量雷达的技术指标比较：最大测量范围，英国为 30 米，美国为 30.5 米，中国比其高一个数量级；脱靶点测量精度，英国为 5％，美国为 10％，中国可达 1.6％；速度测量精度，英国和美国为 1％，中国比其高一倍左右。[①]

中国在脱靶量测量上虽然起步较晚，但最终的技术水平却高于其他国家，在世界范围内引发关注。吴嗣亮指出："2011 年 9 月 20 日，美国和英国合作进行了脱靶量测量技术新的概念验证，此次概念验证的技术目

---

① 王公，李英杰，岳素芳：技术目标已知条件下的跟踪追赶——毛二可、吴嗣亮团队矢量脱靶量技术研究中的创新．《科技进步与对策》，2016 年第 33 卷第 14 期，第 1-15 页。

标就是中国脱靶量技术已达到的标准。"

两院院士、原北京理工大学校长王越高度评价脱靶量测量技术："这个方案非常巧。"[1] 毛二可团队针对国家急需的技术，提出了在世界上完全创新的解决方案，也收获了累累硕果。2013 年，"无线电矢量脱靶量测量技术与应用"获国家技术发明奖一等奖。2014 年，吴嗣亮教授也因此获得了何梁何利基金科学与技术进步奖。

有人说，毛二可是个"技术狂"。在别人那里，技术可能只作为生存的技能，一种解决问题的办

图 6-9 2013 年，"无线电矢量脱靶量测量技术与应用"国家技术发明奖证书

法；在毛二可这里，技术就是全部，是他的生命。十几年来，毛二可不知疲倦，带领团队取得了多项具有国内领先水平的自主创新成果，这些国防重大科研成果将我军防卫和反击能力提高了一大步。

通过合成宽带实现的两种新体制雷达——高分辨雷达和全时空雷达，已经处于国内领先地位，并且合成宽带高分辨雷达已经在开始应用。

信息时代的脚步

随着技术的发展，雷达、通信等领域需处理的任务规模越来越大。虽然随着超大规模集成电路（VLSI）技术的发展，已产生了运算能力达每秒

---

① 龙腾访谈，2017 年 9 月 6 日，北京。资料存于采集工程数据库。

几十亿次的处理器，但还远远不能满足这些领域的需求。而 VLSI 技术的发展已受到其开关速度的限制，进一步提高处理器的主频所遇到的困难越来越大。

为此，把用于大型计算机的并行处理技术应用到信号处理中来是必然趋势。传统信号处理系统设计一般针对特定场合，先确定算法，再根据算法确定系统结构；由于系统结构与算法严格相关，因此通用性较差。现今的信号处理设备越来越复杂，不仅要求高速的处理能力，而且要求功能多样化，仅仅追求速度已经不能满足需求。尤其在复杂多变的环境中，要求信号处理机能够完成多种处理功能，并能方便灵活地切换工作模式。

因此有必要发展一种可重构和可扩展的通用信号处理系统，能将信号处理机多功能化、模块化、标准化和通用化。将嵌入式操作系统与高速实时信号处理机结合，可以很好地实现这些要求。在雷达火控系统中，信号处理不仅需要很高的处理速度，而且要满足控制显示多方面的需求。如果没有操作系统，实现起来不仅复杂，而且不便于系统的模块化和标准化。也就是说，过去的雷达处理机都是专门定做的：每做一部雷达，都要做一部全新的处理机，研制周期至少需要一两年。

如果能构建出一种通用的信息处理机，可以适应各种不同的雷达系统，那将使信息处理机的研制周期大大缩短，从而有利于加快国防行业雷达整机的研制速度。随着一些标准技术（标准板型、接口、互联协议等）在信号处理系统中的应用，设计标准化、模块化的通用型处理模块成为可能。而且所设计的处理模块还要可扩展、可重构，进而根据不同的应用场合和算法来构建各种信号处理系统。[①] 美国从 1980 年开始研究这一问题，已经形成了成熟的军用标准。

机会总是眷顾有准备的人。1987 年，国防科工委成立了几个专业组，毛二可担任精确制导专业组副组长。因为在精确制导领域搞数字处理的技术不多，所以 20 世纪 90 年代国家级的几个宽带的导引头信号处理机都交给北

---

① 胡善清，刘峰，龙腾：高性能通用并行信号处理模块的设计与实现。《计算机工程》，2007 年第 5 期，第 252—257 页。

京理工大学雷达所完成。也因此，从数字信号处理和结合整个导引头这方面的系统，相当于雷达的一个小系统，这些方面雷达所都做了一些新的研究和探索。这是他们在 20 世纪 90 年代的第一个转变，从单纯

图 6-10　1994 年 11 月，毛二可赴美国参加电子产品展览会和世界信息科技展

数字信号处理，向雷达系统方面转变。

　　精确制导武器对高性能雷达导引头的需求，启发了毛二可开展宽带雷达及其在精确制导雷达导引头上的应用。宽带雷达通过收发大带宽信号获得高距离分辨能力，在复杂电磁环境具有显著优势。宽带线性调频信号是最常用的宽带波形，但其调制方式单一、易受干扰。1992 年，毛二可了解到美国在研究一种新型宽带波形——频率步进信号，具有巨大的应用前景，很有可能成为未来雷达的发展方向，于是他立即安排自己的博士生龙腾开始该波形的研究。

　　经过几年的深入研究，频率步进信号取得了系列研究成果，先后发表了具有重要学术影响力的三篇学术论文——《频率步进雷达信号的多普勒性能分析》（1996 年《现代雷达》）、《调频步进雷达信号分析与处理》（1998 年《电子学报》）、《频率步进雷达参数设计与目标抽取算法》（2001 年《系统工程与电子技术》）。首次从理论上证明了调频步进合成宽带波形极窄脉冲分辨能力，建立了该信号波形多约束下参数设计准则，提出了目标精细运动补偿方法及多散射中心联合抽取去冗余的信号处理方法。研究成果受到广泛关注，引领了频率步进新体制雷达研究的方向。

　　多年来，传统脉冲雷达由于目标尺寸匹配的原因，一直使用大于 0.2 微秒的脉冲宽度。毛二可和学生龙腾在 21 世纪初开始对宽带脉冲检测进行探索，开展宽带信号检测跟踪基础理论问题研究。2005 年前后，毛二可

提出了合成宽带脉冲多普勒雷达新体制，并带领团队探索新体制在矢量脱靶量测量雷达、舰载预警雷达、预警机雷达、对空情报雷达等多种型号雷达上的应用。

毛二可常常对大家说："科研必须每四五年就要有新的成果，上一个大台阶，才能不断发展，为国家为人民作出更多的贡献。"通用模块化实时高速信号处理系统就是雷达所在毛二可带领下做出的另一项重要创新成果。同时，毛二可和课题组仔细分析了国内的基础和技术发展的未来趋势，认为不应完全照搬美国的标准，而应选择技术起点更高、性能更好、军民两用、更加通用化的国际标准，根据国内的实际情况选择适合自己的路。

为了实现这种设想，课题组从 1995 年开始通用化处理系统的研制工作。

1995—2005 年，毛二可带领团队历经十载，从第一代通用处理机到第四代通用处理机，解决了一个又一个关键技术难题，研制成功具有完全自主知识产权的通用信息处理机货架产品，具有小型化、运算能力强的优势。雷达所基于对共享总线和分布式两种并行结构的理论分析，结合信号处理系统的特点，开发了一种高性能通用并行信号处理模块，具有标准化、模块化、可扩展、可重构、混合并行模式、多层次互联的特性，彻底改变了雷达信号处理机传统的制作工艺，避免了专用雷达信号处理机的重复研制工作，满足了大多数雷达实时信号处理的要求，信号处理能力从几百亿次／秒到上千亿次／秒。

这种通用化的数字处理技术平台能充分满足军方对环境、振动、温度和可靠性等多方面的严格要求，已经广泛应用在雷达、制导、卫星导航、航天遥感、光学侦察以及卫星侦察等多个领域，形成了一种我军装备信息化的基础计算平台。

这期间，毛二可似乎变了一个人，多了皱纹和白发，笔挺的脊柱也开始弯曲。而在他带领的团队身后，立起了一座座光芒四射的丰碑：两组重大科研成果，分别为我军精确制导和装备信息化搭建起了计算平台，合成宽带相控阵雷达、米波共形全时空雷达、灵巧欺骗干扰系统等新体制雷达

图 6-11　毛二可（右三）和他的科研团队（右二高梅国，右四吴嗣亮，左四何佩琨，左五龙腾）

和通用信息处理系统，将我军防卫反击能力提升到让人民放心的高度。他指导团队正在努力攻关的项目，正是西方军事大国密切关注的热点，尽管对关键技术彼此严格保密，研究重点却意外地不谋而合。而且，我国这个团队做的工作，在某些方面还略有超前。

在当今世界以研发各种新体制雷达为主导的科技前沿中，可以说已经有了中国雷达科技工作者的一席之地。2005 年 10 月，北京理工大学雷达所所长龙腾在一次对美国、加拿大的知名大学进行国际交流时，一个最深的体会是"雷达所从国情出发所进行的新体制雷达的研发，已经和国外所关注和着力解决的雷达前沿技术问题不谋而合，双方有了共同的'语言'，说明在雷达技术的研究上国内与国外发达国家的差距正在缩小。"

毛二可带领团队从事的技术创新，其创新源并非来自书本或外文资料，更不是亦步亦趋地追随国外的技术路线，而是一种来自实践的创新精神。"他总是从我国国防建设的需求中，特别是从部队对雷达新技术的迫切期待中，敏锐地找到创新点，长期坚持不懈地坚持科研攻关，并且重在积累。"毛二可的博士生们深有感触地说。

毛二可始终坚定地认为，搞科研不能盲目跟风，我国的国防事业需要雷达技术，我们的研究专长在雷达技术，不能轻易改变方向。正是毛二可对科学技术敏锐的目光和对雷达事业的热爱，使得他犹如一个指挥员始终保持着敏锐的学术洞察力，把握着雷达技术的发展规律，立足国防，带领着团队不断突破极限，攀登科学的更高峰，不断提出一个又一个新体制雷达系统，并取得多项重要的研究成果，走出了一条独立自主的创新发展之路。

第七章
院士创业记

产学研一体化

　　毛二可及他所在的雷达研究所，在长期的科研中努力贯彻这样一个理念：科研工作应当解决国家急需，为实际应用服务。因此，他们一直非常重视雷达新技术的应用，重视学术研究与实际型号的紧密结合。到 20 世纪 80 年代，数字信号处理技术迅速兴起。雷达研究所在毛二可的带领下，为军用雷达系统提供信号处理用的计算机部件。

　　改革开放以后，高校科研体制和整个国防科技体制发生了重大转变，从过去的按计划分配科研项目，逐步向市场化迈进。

　　1995 年，毛二可当选为中国工程院院士。1996—2003 年，何佩琨教授担任雷达所所长期间，毛二可作为协助学科带头人做了大量学科建设方面的工作。20 世纪 90 年代起，雷达所承担起"信号与信息处理"学科建设任务，首先达到兵器部和北京市重点学科建设要求，然后又达到了国家重点学科要求，还申报增添了一个二级学科"目标探测与识别"。在毛二

图 7 1 1995 年，毛二可当选为中国工程院院士

可的带领下，新一代年轻人开始成长起来，挑起科研的大梁。雷达研究所进入成果丰收期，先后获得了国家发明奖 6 项，省部级重大科技进步奖 17 项。由于技术领先，雷达研究所拿到了相当可观的科研合同，业务也越来越多。

随着型号任务的增多，雷达研究所的规模越来越大，需要设立物资采购、机电设备加工、质量管理等一系列职能，电子信息技术的发展一日千里，科研设备更新速度也非常快。如果不舍得更新设备再投入，就无法与时俱进地开展工作。

雷达所需要的人力、物力越来越多。

首先要解决的是"钱"的问题。毛二可和雷达研究所核心成员定下一条规矩：财力优先保证科研条件改善。他们将科研项目中的劳务提成，优先添置了很多科研设备，用于后续科研。这条规矩沿用至今。

然而，更难的是"人"的问题。在整个 90 年代，由于社会发展和体制的不适应，雷达研究所经历了最艰苦的岁月。北理工作为紧邻中关村的重点大学，电子与信息学院招收的又是全校成绩最好的学生，许多优秀的学子纷纷离开学校、离开雷达研究所，去商海中闯荡。雷达研究所做的型号研制工作，需要项目组长期专注于某一个专业领域，大型雷达的调试要到外场工作好几个月甚至多年。如果调用学生，就会耽误他们的上课、考试和求职；如果调用青年教师，可能会影响他们的论文撰写和发表，影响考核。

雷达研究所和毛二可为了留住人才队伍，付出了巨大心血。他安慰自己的学生，这种状况肯定会有改观的，一定会想办法让大家过上体面的生活。他也竭尽所能这么做。弟子龙腾回忆："有很多年，毛老师发给我的奖金比发给他自己的都多。"毛二可在周末和节假日从不休息，甚至连除夕也坚守在实验室。就这样，靠着自己的人格与操守，毛二可感染和带动了相当多骨干青年教师，保住了雷达研究所的人才队伍体系，也为后来的"理工雷科"留住了火种。作为雷达所的当家人，为了解决这两个问题，毛二可苦心孤诣。

20 世纪末，国家开始实施高等教育改革，"211 工程"等建设计划纷纷出台。作为国家重点的北京理工大学走上了建设国际一流综合性大学的道路。作为学术中心的高校，更加重视理论研究和学术成果的取得，从具体工作上来说，更加重视教师和学生的论文发表等活动。然而，这样的建设方向，使重视工程应用的雷达研究所产生了一些不适应的现象。

为了解决雷达研究所的运行问题，校党委和学院领导反复思考、反复论证。学校曾经在 2005 年批准雷达研究所成为学术特区，给予了一些特殊政策，进行了一些尝试。

由于社会和经济形势发生翻天覆地的变化，2008 年前后，雷达研究所的"钱"和"人"的问题更加突出，研究所的发展遇到瓶颈，面临"两个等待"。一是等钱干活，搞科研需要申请项目经费，很多新的想法因为没有经费支持而胎死腹中。二是等人干活，雷达所人手紧张，而学校给的编制是"死"的，需要的人才招不进来。

此前，雷达所每年都会产生一大批优秀科研成果，然而由于体制机制、利益主体、思想观念等诸多因素的制约，这些成果在评审与发表后，往往被束之高阁。高校科技创新成果产业化一直不能尽如人意，高校教师想要成果转化更是徒有一腔热情。毛二可对当时的"困境"记忆犹新："随着任务型号增多，雷达所规模越来越大，需要的人力、物力越来越多。我们的团队搞科研，也需要耗费大量精力面对'人、财、物'等并不擅长的东西。更为重要的是，我们的许多成果完全可以服务社会生产、生活，但我们不懂如何转化，只能束之高阁，太可惜。因此，需要有一支专业的力量。"

面对困境，是被动等待还是主动出击？

毛二可明白，要彻底让雷达研究所走出困境，光靠个人力量不会长远，最终还是要靠改革机制，走出自主转化科技成果的新道路，探索产学研用一体化结合的创新之路。

学校其实也在摸索，在校内率先尝试科研体制改革与科技成果转化的模式创新。众所周知，高校教师和学者不擅长做企业，学科性公司作为一个新生事物，面临着产品、市场、商业化运作和利益分配等多方面的未知风险。

恰好此时，也就是 2008 年，北京理工大学新任党委书记郭大成[①]上任。在郭大成的带领下，学校领导、产业、科研院等部门走访"取经"了西北工业大学、哈尔滨工业大学、中南大学等高校，试图探寻一条适合自己的科研成果转化新路径。通过充分的调研，毛二可和学校领导形成一个共识——只有建立股份制学科性公司，才能够最终解决高校科技成果转化率低与利益分配不均的核心问题。随后，组建学科性股份公司被确定为试点方案。

当年，北京理工大学提出"学科性"公司的创新之年，科研体制机制创新成为北京理工大学的主要工作之一。学科性公司是北京理工大学为破解高校科技成果转化难、科技进步与经济发展脱节等问题进行的一次大胆尝试，是对传统产学研体制机制的突破。学校党委书记郭大成一方面亲自挂帅北理工的体制创新，一方面承担着国家教育体制改革试点项目《高等学校推进产学研用结合改革方案》。

前期的调研使毛二可和创业伙伴坚定了股份制学科公司的经营理念。学校有政策，外校又有成功先例。调研回来后，毛二可又有新的想法，深思熟虑好几个月，这位搞了一辈子科研的七旬院士决定"下海"办公司。从那以后，北京理工大学雷达所也开始了"破冰之旅"。

从院士到股东

2008 年的一天，毛二可带着雷达研究所所长龙腾，敲开了刚上任不久的学校党委书记郭大成的办公室大门。毛二可向郭书记陈述了关于雷达研

---

① 郭大成（1951－　），黑龙江省齐齐哈尔市人，教授。先后毕业于哈尔滨工程大学计算机专业和东北师范大学教育管理专业，2008-2014 年任北京理工大学党委委员、常委、书记。

究所发展的突破和设想：带领雷达所成立学科性公司，目标是要当北理工的"无人机所"。

毛二可对标的是西北工业大学的无人机研究所，是以无人机研发为主，集科、工、贸于一体的研究所。这个目标听上去有点天方夜谭。要知道，当时西北工业大学无人机所拥有400多人的科研队伍，一年产值6个亿。北理工雷达所只有40多名教师，年产值只有7400多万。郭大成听后，并没有拒绝这个跨越发展的设想，反而支持毛二可先开展前期调研。

然而，毛二可实施这一计划困难重重，甚至伴随着质疑和反对的声音。起初，毛二可办公司的想法遭到了很多人的反对，包括雷达所并肩作战的老同事。有人认为，北京理工大学是一所国防院校，许多老师都是搞了一辈子科研的人，怎么能办公司呢？在他们眼中，教师就应该兢兢业业搞科研，办企业会被认为是不务正业，是学术能力不强的表现。

质疑声此起彼伏。有人不看好公司未来的发展方向，有人则不喜欢公司化的运作方式。"产品的稳定性怎么确定？""产品市场在哪？""公司资质有没有"……在雷达所召开的可行性分析会议上，不少人提出质疑，觉得风险太大，不同意这一想法。既要维护团结，又要促进雷达所发展，毛二可处于两难境地，他只能一个个找思想有顾虑的老师做工作："雷达所每年都会产生一大批科研成果，但这些成果在评审、发表论文后，因为一没钱、二没人，就被锁进了柜子里。""公司的成立能够突破人员编制和科研资金的限制，更有利于科研成果产业化。""研究成果产业化能够反哺高校资金、人才缺口，为高校的学科发展提供新的平台和解决方案。"虽然多方努力，可最终，依然有一少部分老师不同意创办学科性公司。毛二可对郭大成遗憾地说："这一次，我们内部发出了不一致的声音。""你们想干的先干起来，让不想干的人先观望着。干好了，他们还可以参加。"郭大成果断拍板。

回忆起这件事，毛二可说："强扭的瓜不甜，听郭书记这么一说，我的包袱暂时放下一些了。"

此后，毛二可和雷达所成为学校学科性公司的试点。

2009年3月，国务院下发《关于同意支持中关村科技园区建设国家自主创新示范区的批复》，其中第一条提出"在中关村科技园区范围内的高等院校、科研院所中，开展职务科技成果股权和分红权激励的试点。在中关村科技园区范围内的院所转制企业以及国有高新技术企业中进行股权和分红权激励改革，对做出突出贡献的科技人员和经营管理人员实施期权、技术入股、股权奖励、分红权等多种形式的激励"。

在深化科技体制改革的影响下，北京中关村在国有企业、高等院校、科研院所等单位，对科技人员试点股权和分红激励，助推科技成果产业化。财政部、科技部和国家知识产权局发出通知，对部分符合条件的中央级事业单位开展科技成果使用、处置和收益管理改革试点，提出将科技成果转化的权利完全授予试点单位，试点单位可自主采取转让、许可、作价入股等方式转移转化科技成果。体制机制改革与先行先试的政策犹如"一夜春风"，吹暖了北京理工大学。

2009 年 11 月，搞了一辈子科研的毛二可，带领雷达所近一半的人组建学科性股份公司，从事科研成果的转化和产业化，在北京理工大学率先尝试科研体制机制创新。最终，北京理工大学做足了"内功"，搭建起了从公司注册到最终实现科技成果产业化的全流程协作平台。经过几番论证，学校决定成立北京理工雷科电子信息技术有限公司（简称理工雷科），并报工信部批复。

这是北京理工大学依据新政策成立的第一个学科性公司，代表着学校走上利用学科性公司探索高校自主转化科技成果的新道路。这也是北理工第一家实施中关村股权激励政策的企业，学校以一个发明专利估值 600 万，其中 180 万作为股权奖励给创业团队，另外募集现金 1400 万。

这 1400 万的背后，有一个人们并不知道的故事。当时，社会资本对于这种股权激励体制的企业并不熟悉，因此只投入了 400 万，剩下的 1000 万需要创业团队自筹。这也是北理工对于教师创业的一个重要理念——必须让教师拿出自己的钱投入公司，才能保证对企业的责任感。但高校的工作收入并不丰厚，怎么凑齐这 1000 万呢？在这个关键的节点上，毛二可拿出了个人的全部积蓄。在毛院士的带动下，雷达研究所的骨干、教师共同努力，很多人甚至把房产抵押到银行，几十个人筹集了 1000 万资金投入公司。

最初的理工雷科仅仅是一个种子公司，注册资金只有 100 万元，由学校和主要技术人员以现金方式组建。北京理工大学副校长杨树兴说："在公司成立以前，我们就初步拟定好了股权激励方案，但国有资产的股权激励是个新事物，审批周期较长。"学校和主要技术人员一合计，决定先把公司干起来。①

终于，公司建立起来了。

理工雷科公司专门从事自主研发的北斗导航芯片及终端机的产业化。其运作模式是：由偏重科研的雷达研究所负责雷达基础研究、原理性试验和样机制造，然后由公司实现工程化，成为正式产品。公司致力于打造一个世界一流的传感、导航与数字系统公司。龙腾说："如果当初毛院士和郭书记有半分犹豫，这个公司也办不成。"②毛二可"入村"创业，开创了北京理工大学建校 70 年来教师下海的先河。这样的产学研一体化道路打通后，公司发展很快，不但为科研创造了很好的条件，也为提高中国雷达技术水平、推动雷达技术发展创造了良好条件。

2010 年，教育部正式批准北京理工大学成为承担国家教育体制改革试点任务的部属高校之一，学校更是承担了"高等学校推进产学研用结合改革试点"项目，在此项目的推动下，学校启动了围绕产学研合作，促进学校科技成果转化的科技体制创新工作，相继出台了《北京理工大学学科性公司管理办法》《北京理工大学科技成果转化管理办法》等鼓励政策，为飞速成长壮大的雷科公司构建了更加宽松与和谐的发展环境。

2010 年底，为了使中关村国家自主创新示范区肩负起提升我国自主创新科技能力的重要责任，担负起引领我国战略性新兴产业发展的历史重任，成为科技创新改革的先锋，财政部、科技部发布了《中关村国家自主创新示范区企业股权和分红激励实施办法》。"1+6"系列③ 先行先试政策

---

① 董长青：北京理工大学教授毛二可：七旬院士创业记.《北京日报》，2011 年 11 月 26 日。

② 丁兆丹，刘明奇，郝晓玲：从"院士"到"股东".《北京支部生活》，2012 年第 4 期，第 62-63 页。

③ "1"是搭建中关村创新平台；"6"是在中央级事业单位科技成果处置权和收益权改革，税收优惠，股权激励，科研经费管理改革，高新技术企业认定和建设全国场外交易市场六个方面实施试点政策。

在中关村示范区正式落地,其中股权激励政策是探索科研体制机制创新的重大尝试。

为了充分保障学校、学院和学科组的利益,调动各方面的积极性,北京理工大学把握机遇,率先进行股权激励改革,在中关村股权激励政策的基础上,制定了更大力度的股权激励政策。除对技术人员进行股权奖励外,还采取二次分配政策对学院、学科组进行激励。乘着"1+6"先行先试政策的东风,理工雷科公司完成股权激励全部工作并获得工信部批复,成为中关村示范区第一个实施科技成果入股股权激励的中央高校,也是中央高校首个获批实施科技成果入股股权激励的企业。

根据股权激励政策,2011 年 8 月 5 日,在中关村股权激励政策指引下,北京理工大学通过了《关于同意北京理工雷科电子信息技术有限公司组建方案及股权激励方案的意见》,主要内容为:同意理工雷科注册资本 2000 万元,其中,学校以其拥有的"一种基于 FPGA 的通用化信号处理平台"专利出资 600 万元,现金出资 180 万元(含设立时的出资 50 万元),毛二可等技术和管理团队及战略投资者以现金出资 1220 万元;同意理工雷科股权激励方案,将学校无形资产出资中的 30%(占总股本 9%)奖励给毛二可等 6 名核心技术人员;同意将实施股权激励后学校所占理工雷科的全部股份划转至理工资产(其中,无形资产出资 21%,现金出资 9%);同意将上述方案报工信部审批。

2011 年 10 月 24 日,工信部向北京理工大学下发《关于同意北京理工雷科电子信息技术有限公司增资和实施股权激励的批复》,同意北京理工大学申报的增资方案、股权激励方案及股权划转方案。

北京理工大学成为中关村示范区内首个股权激励获批的中央高校。实施股权激励后,学校占有公司 30% 股权,毛二可为首的技术管理团队持股 49%,其他战略投资者持股 21%。此举曾在社会引起广大反响。

最令人高兴的是,在这次的公司股权激励中,当初从雷达所加入公司的教师,每人都获得了公司股份,人人得到了实惠。谈起这个股权激励方案,毛二可高兴之余,更感欣慰。他说:"这不仅说明我们创办公司的改革尝试得到了认可,还说明科研成果产业化发展的方向没有错,更坚定了我们走下去的信心。"

而让毛二可更满足的是，他和团队所有的科研成果中，已经有将近30%开始了产业化，服务国防、造福于民。

实行股权激励后，公司注册资本增加到2000万元，学校持有公司30%的股权，毛二可为首的技术、管理团队又投入现金800多万元，合计持股51%，其他战略投资者持股19%。学校在批准这家学科性公司组建时，要求技术团队和管理团队个人现金入股，特别是对获得股权激励的技术人员，其现金入股金额原则上不低于所获股权奖励的数额。时任北京理工先进技术研究院常务副院长，也是理工雷科的董事长戴斌感慨："新机制实现了利益共享、风险共担。"

北京理工大学股权激励政策的创新点建立了校内二次分配机制，通过对学校所持的股份进行了二次分配，保证了学校、学院、学科组的利益，为学科性公司发展注入了强劲动力。股权政策不仅仅调动了教师的积极性，更反映出教师对政策的认可、对学校的信任。股权激励等先行先试政策释放了巨大效能，不仅将雷科公司的发展推入快行道，而且使更多有志于科技成果转化的高校教师看到了新希望，更深层次地改变了科研体系的构成元素，利用学科性公司搭建高校科研平台，打破既缺资金又缺人员的瓶颈，助力高校形成全新的科研体系。

新公司组建后，雷达所负责基础研究、原理性试验和样机制造，后续工程化试制、推出正式产品、市场营销等，都交给理工雷科，产学研真正实现了"一条龙"。

打造理工雷科

在毛二可的影响下，理工雷科的整个团队全心全意为做好产品、服务好客户而努力。理工雷科公司总经理刘峰感慨说："公司要是办不好，是对不起毛院士的"，毛二可和世界诸多一流企业的掌门人一样，有着"谦逊的性格和执着的追求"。

毛二可说："财散人聚，财聚人散。我们不仅靠人格和智慧来影响、凝聚年轻人，更要提供人才创新发展的平台和机制，让他们干得有奔头、更长久。"①

公司成立后，团队中部分教师仍专注于基础研究和理论创新，另一部分教师则利用公司推动成果转化。所里那些被锁进柜子的科研成果，变成北斗卫星导航基带芯片、机场跑道异物监测雷达等货真价实的产品。一些从社会上招聘来到理工雷科的员工说："这是我见过人际关系最简单的企业。"

与以前"老师＋学生"的作坊模式相比，成立公司后的团队研发实力已大大增强。除了军用，公司的不少产品都已经在民用领域得到广泛应用。例如，公司研发了一种边坡雷达，可以实时监测山体、矿山堆料的位移情况，及时发现坍塌、滑坡风险，提高安全保障；此外，利用小型雷达还可以深度观测动物迁徙，对于掌握动物习性发挥重要作用。一位农业植保专家主动找上毛二可，想定制一批雷达，专门探测昆虫迁徙，记录昆虫的大小、种类和飞行轨迹，观测精度要达到厘米级。毛二可组织研究人员反复分析了项目的可行性，然后给出意见——"接！"。

理工雷科不负众望，成绩亮眼。北京理工大学副校长杨树兴说："2010年当年，公司在仅有100万元投资的情况下，就完成了2000万元的产值，利润400多万元，当年进入学校财务的科研经费也增长了55%。"

理工雷科所在的学科组，2012年到校科研经费达1.15亿元，而学科组学校在编人员只有36人。雷科公司董事长戴斌总结："如果没有学科性公司聘用人员参与，根本不可能承接这么多任务。"

机制变化使一批"锁在柜子里的科研成果"得到解放，转化为新产品进入了市场。毫米波探测雷达远距离电力线探测技术，2005年完成基础概念研究后就被"养在深闺"。2013年8月，理工雷科研发重启项目，3个

---

① 丁兆丹，刘明奇，郝晓玲：从"院士"到"股东"。《北京支部生活》，2012年第4期，第62–63页。

月研制完成了两套毫米波探测雷达原理样机，并交付甲方单位试用。[①] 创新链和产业链的精准对接带来的转化效率令人惊叹。雷达所的嵌入式实时信息处理等技术迅速转化为产品，在市场上热销。2013 年，理工雷科实现了营收破亿元！

在这种风险与利益共担的机制下，全体教师同心同德、团结奋斗，在雷达、遥感、卫星导航、数字系统等方向形成了多种拳头产品，2015 年销售收入 2.89 亿元，成功并购上市。

公司呈现跨越式发展，截至 2015 年累计实现销售收入 3.5 亿多元，投入研发经费近 5000 万元，开发了北斗卫星导航基带芯片、终端机、机场跑道异物监测雷达等 7 项新产品，人员从 30 余人增加到近 400 人。

雷科公司不仅经济亮眼，科研实力和人才培养的成绩也响当当，形成从项目到成果、到人才的闭环。

开公司前，科研人员是做硬件的"苦力"，每天忙着调板子、画板子，然后出去调试，根本顾不上科研论文或者国家自然基金等项目。开公司后，科研和成果转化分开，解放了科研人员——现在，高校里的科研人专心新体制雷达研究，公司负责提供研发和平台。再者，公司股权激励调动了教师的积极性，科研氛围强过之前，学术指标也跟着大涨。

公司团队申请获得的国家自然基金项目从 2008 年的 1 项增长到每年 4~5 项，承担的重大项目数、研发投入金额、自然基金数、专利数、SCI 论文数分别都增加 50%，SCI 论文发表数量一度也占到全院一半。公司成立不到三年，毛二可科研团队不仅发表了十几篇国际期刊论文，牵头承担了"973"等国家重大基础研究项目，还获得了国家技术发明奖二等奖。2017 年，团队自然基金项目金额占到学校的三分之一以上，龙腾和曾涛两人还获得国家杰出青年科学基金。

科研水平的大幅度提高又为公司的长期发展提供了基础研究的支撑，公司的运营和科研实现了良性循环。对此，毛二可解释："过去有关部门通知我去开会，找学生去拿个通知，怕耽误他们学习，我总得自己骑自行车

[①] 中关村股权激励试点助推科技成果转化。人民网，2014-11-20。

去。成立公司后，这些行政事务性的工作有专门的同事来做，我们做科研的老师更专注学术研究，这样做事效率更高了，科研实力越来越强。"事实证明，毛二可团队的学科性公司，不但使科研经费高速增长，而且广泛调动了研究人员的科研积极性。

除了经济效益和科研效益，理工雷科公司在校企结合培养高素质工程人才的创新探索方面也首开先河。从某种程度上说，学科性公司代表理工雷科在研究生培养上也进行了一系列改革。

首先，毛二可课题组实行"合作式互动机制"训练学生的团队合作意识，培养他们的沟通合作能力。所谓"合作式互动机制"是指以研究生综合素质培养为目标，通过构建交叉团队、课程团队、项目团队等多样性的学习团队，利用课题调研、案例分析、混合讨论等学习方式，在导师与研究生、研究生与研究生、导师与导师之间展开的互动沟通，以及通过共同解决学科前沿问题所形成的互动关系。

其次，雷科公司为工科研究生设置系统的培养方案和各种参与科研开发项目的机会，提供了完备齐全的实验设施以及经验丰富的高素质校外导师团队。通过本校电子专业等优势学科探索实施"教育、科技、经济"一体化发展模式的成功探索，是在当今校企合作难以实施的状况下，高校主动创办企业，实现技术创新、体制创新与人才培养模式创新的成功实践。

最后，毛二可课题组与雷科公司协同，从根本上改变了工科教学"重知识、轻实验，重理论、薄实践"的偏颇做法，形成了一种"在学中做，在做中学，边做边学"的新型工程人才培养模式。因此，教学过程不再是一个单向传输与接受的过程，而是一个双向沟通互动的过程；学生不仅仅是知识的被动接受者和科技成果的享受者，而是参与知识创新和项目实现全过程的创造性劳动者，是自我开拓与主动发展的主人。

因此，学科性公司实际上是一个充满活力与吸引力、致力于培养学生的创新能力和创业精神的平台与基地。一方面在"研—产—学—用"中培养人才，另一方面，又通过此过程寻找人才培养的不足，发现学生潜在的创新与发展动机，进一步激发他们的创造性，从而提升人才培养的质量。

理工雷科公司成立以来，除了在科研成果、新产品研发以及产品增值上取得了重大成就外，在工科研究生培养方面也得到了用人单位的广泛认可与好评。

因为企业和团队的精神和创新能力，公司吸引了江苏常发制冷股份有限公司与理工雷科的重组与合作。2015 年 5 月，公司完成了与江苏常发制冷股份有限公司的并购重组，常发股份并购理工雷科后，为了更好地发挥北理工团队的作用，常发集团回购了原常发股份传统业务及资产，撤出了常发集团在上市公司的管理人员，将上市公司交给北理工团队经营，并更名为江苏雷科防务科技股份有限公司（简称雷科防务）。

这使常发股份从一个传统制造企业成功转型为高科技电子信息企业，上市公司市值也从十几亿增加到一百多亿，成为上市公司产业转型的成功案例。目前，这家企业正加速前进，不但为雷达技术的发展而努力，也为北京理工大学乃至其他高校科研成果产业化不断探索新的道路。同时，雷科的核心技术团队也不忘回报学校，2020 年在北理工 80 周年校庆之际，他们将学校奖励给团队的价值近亿元股权捐献给学校，支持学校"双一流"建设。

蝴 蝶 效 应

学科性公司不仅是转化学校科技成果的一种有效模式，其体制机制的创新还调动了学校、学院、学科组、教师的积极性，对学校的人才培养、科学研究、学科建设等根本任务都起到了很大的促进作用。北京理工大学以理工雷科公司为代表的学科性公司作为试点，探索通过建立一种产学研的合作模式，实现自主转化学校科技成果的一种新途径。以企业为主体，以产学研紧密合作的技术创新模式，实现学科和公司、基础研究与技术创新、科学研究与产业化，互为支撑、同步发展、良性循环，实现产学研同步优化的新体制。

毛二可和团队敢为天下先，把"第一个螃蟹"吃得有滋有味。体制机制的创新带来的活力，使学校、学院、学科组及教师各方的积极性都被调动起来了，院士、知名教授都跃跃欲试，创办学科性公司自主从事科技成果转化和产业化。

学校对学科性公司的管理和政策日趋成熟。距离毛二可创办公司后不到两年，北京理工大学先后出台《北京理工大学科研成果转化办法》《北京理工大学学科性公司管理办法》，通过制度鼓励老师创业，推动科技成果转化。这些办法实实在在地解决了教师创办企业过程中的难题。政策明确了教师科技成果转化的几种模式：教师用职务科技成果出资创办企业，学校可以将技术成果出资所占股份的 50% 奖励给教师个人。此外，学校还鼓励教师用横向科研经费，创办企业成果转化，并且把 60% 收益奖励给教师个人。

北京理工大学的创新政策，把发明专利的一半过让给教师，教师可以拿着专利到其他公司实现产业化或入技术股，获得收益，大大调动了教师将专利产业化的积极性。

一方面，学校出台有力的政策，最大限度给予、保障教师利益；另一方面，学校完善服务方式，搭建起创业全流程服务平台，省去了教师办公司不必要的精力。目前，北京理工大学已经形成由学校资产公司和科技园公司为落实单位，从教师提出创办公司想法到帮助教师注册、融资谈判、教师学校资产分算、入驻孵化器、创业服务、财务核算等一系列的全流程服务。

学校党委书记郭大成认为："学科性公司的本质是每个学科后面都有一个团队在支撑，通过组建公司的方式把科研成果予以转化，教师在里面将起主导作用。北理工要想将科研成果成功转化，首先要突破教师的观念束缚，通过搭建起完善的政策平台，给教师一颗'定心丸'。"

理工雷科的学科性公司模式成功后，学校不断及时总结经验，相继成立了多个学科性公司。北京理工大学借助自己在电动汽车、阻燃材料、石墨烯、机器人等方面的技术优势，近年来创办了 5 个学科性公司，都取得了丰硕的成果。如 2010 年 8 月，以转化国家"863"重大专项、"科技奥运"重大专项"纯电动汽车"科技成果的北京理工华创电动车技术有限公司（理工华创）成立；2011年9月，北京京工大洋电机科技有限公司成立，中山大洋投资3000万，转化"大功率永磁同步电机"的科技成果。2011年12月，理工华创的股权激励方案已经由资产公司董事会批准。

大学的产学研合作，真正主导者并不是校长、院长，而是技术的发明者——教师。因此，要围绕体制机制做文章，把教师纳入产学研合作链上。学校通过对技术团队和管理团队的股权激励，要求个人现金入股，建立了"利益共享、风险共担"机制和内部监督、约束机制。责、权、利统一，把科技成果转化的主动权交到教师手中。

毛二可的创业实践证明，凡是成果转化工作做得好的学科，其人才培养、科学研究、学科建设也发展得非常好。

第八章
无悔的蜡烛

在北京理工大学，师生广泛传唱着一首讴歌毛二可及其创新团队无私奉献精神的歌曲《无悔的蜡烛》：

清晨鸟儿的歌唱，悄悄地熄灭你彻夜点燃的灯光。

你的微笑在岁月尘埃的孤寂里，激励着年轻的团队，奋发图强。

毛老师，你用坚定的信念，托起了年轻的翅膀。

你的眼神朝向未来，满怀希望，自由飞翔。

我们为你骄傲，为你自豪，让所有的期待，铸就着一座丰碑，灿烂辉煌。

我们为你骄傲，为你自豪，把追求与梦想牢记在我们心中，永远激荡天空不灭的电波，永恒地传承延安精神，时代篇章。

无悔的蜡烛，消磨着自己的光芒，却用誓言默默支撑起国防的理想。

毛二可院士数十年如一日，永远站在科研教育事业的第一线攻克难关。他就像一根蜡烛，纵然矗立风雨仍光热不衰，奉献自己的光和热。几十年来，毛二可不仅自己不断攀登科研的高峰，还不遗余力地培养人才、聚拢人才，着力建立和培养了一支有凝聚力、团结协作、自主创新的科研梯队，呕心沥血建立起一支能打硬仗、结构合理的学术团队，为国防科技的持续健康发展培养了后备军和生力军。

引培并举　汇聚人才

独木不成林，毛二可的着眼点永远不只是自己或一个小团队，他总是纵观整个国防科研视野。五十多岁时，毛二可就开始把人才培养和梯队建设作为自己的一项战略性工作。他说："我们要多培养年轻人，把他们带上路，这样雷达研究才能后继有人。现在，国家鼓励我们科技工作者走出科研院所创业，特别是创办科技型企业。我个人的有限时间不多了，但是要干的事情还很多很多。"

"得天下英才而育之"，是毛二可最开心的时候。他说："研究型大学一定要培养高质量的学生，要有好的教师队伍，形成一个宝塔形的人才培养模式，这才能保证人才队伍的连续性。"毛二可是这么说的，也是这么做的。

作为我国培养的第一批雷达专业毕业生，毛二可在跨越半个多世纪的科研历程中，义不容辞地担负起培育雷达年轻后生和建设科研梯队的重任。

在我们具备了一定科研条件的情况下，只有加强科研创新团队的建设和管理，才能快出成果、多出人才。建设创新型国家的根本在教育、在人才，高校应尽快培养和汇聚更多的高层次人才。只有多培养年轻人，把他们带上路，科学研究才能后继有人。

早在 1962 年，年仅 29 岁的毛二可就开始指导研究生。在之后的五十多年中，毛二可培养的人才都刻上了"毛式风格"的烙印。在教育上，他能发现人才并因材施教，给予学生充分的耐心和成长空间，注重理论与实际结合；在学风上，强调树立正确的为国防建设服务的观点，培养学生严谨求实的学术作风。

毛二可看人的眼光很准，而且善于因材施教。他在进行雷达课题研究时，往往能与学生产生积极的互动，充分发挥学生和教师双方的优势。他坚持说："如果开始的时候学生经验不足，可以先做一些基础的实践性工作，老师可以指导学生，使他尽快提高。同时，由于有学生的帮助，老师的一些想法也可以尽快实现。这样可以相辅相成、互相促进。在学术研究的组织形式上，这种高低搭配也具有较高的效率。"

郭学雷是毛二可培养的第一位博士毕业生[①]。本科毕业于山东大学无线电电子学系，专业基础比较扎实。毛二可一眼就看中这是个"好苗子"。郭学雷读硕士是拜在毛二可的老搭档韩月秋门下，但毛二可也会一起指导，用郭学雷的话来说，是"双导师"指导。1987年，毛二可成为博士生导师。郭学雷正好硕士毕业，在毛二可的鼓励下，他跟随毛二可继续攻读博士学位。郭学雷虽然基础扎实，但刚进入雷达所时动手实验能力并不强。毛二可和韩月秋为了培养他的动手能力，还用"勤工助学"这一招。实验室的仪表坏了，他招呼郭学雷来修一修。其实郭学雷不会修仪表，但不好意思推辞，"不会修不要紧"，两位老师手把手教他，告诉他怎样判断仪表的问题。郭学雷就这样第

图 8-1 1990 年，雷达技术研究室被评为全国高校科技工作先进集体（前排左二为毛二可）

---

① 毛二可招收的第一位博士生为林海，但未参加答辩，未获得学位。

一次拿起螺丝刀拆卸仪表。时间长了，动手的兴趣培养起来了，郭学雷从一个很不爱动手的学生，变成了理论知识扎实、动手能力也强的科研工作者。以至于后来他到东南大学做博士后时，全系都知道从北京理工大学来了一个实验"强手"。学生龙腾刚到学校的时候，在专业上也是一无所知，毛二可就手把手教他怎么做电路、如何编软件。

毛二可已培养出几十名博士生。他的学生、中国工程院院士樊邦奎总结了导师毛二可培养博士生的特点："不能脱离实际，要符合客观要求。科研工作的前提条件必须符合实际，研究内容必须跟实际结合。因为搞工程的，必须和工程技术结合起来，跟现实中的问题结合起来研究。因为我们只有接近工程实际，才能学有所成。"

毛二可说："虽然为同一专业的研究生，但是每个人都有自己的优势和劣势。后天的努力固然重要，但是每个人的先天优势也不容忽视。结合个人优势进行课题安排，往往能够起到事半功倍的效果。"

毛二可治学严谨，对虚假数据深恶痛绝。在他的门下，学术不端是最不可饶恕的问题之一。为培养学生严谨的学风，毛二可经常参加学生的实验，且一再告诫他们："实验结果不能光听别人说，一定要自己动手去做。"

图 8-2　1994 年，雷达技术研究所党支部荣获北京高校先进党支部标兵称号（后排中间为毛二可）

一次，学生们要做一个信号调试的实验，为了避免微波辐射影响其他人身体健康，实验只能在夜里 12 点开始。快 60 岁的导师毛二可一直守在旁边，学生们劝他回家休息，可是他坚决不肯，坚持指导学生到第二天早晨 7 点多，实验数据和结果全部出来后，他才拖着疲惫的身子离开实验室。其实，毛二可已培养出了一支科研团队，有些实验他大可不必躬亲，但是为了获得科研成果的实测数据，他总是亲自到实验现场。在现场，他曾被高压电击倒、手臂被撕裂，为了不影响科研进度，他忍痛坚持了下来。

谈到科研的标准时，毛二可认为："搞科学技术最重要的是客观，不需要无用的修饰。在研究的过程中，一定要以事实为准，不能只有大概。研究生在创新的过程中只有实事求是，并且严格地执行'客观'这个标准，才能树立一个好的学风。"在进行项目评审或者阅读博士论文的过程中，毛二可如果发现文章的语言不符合科学论文对"客观"的要求，就坚持这样的论文不能评为优秀的科学论文。他希望通过严格的要求，让年轻的科研工作者们能在撰写科学论文方面多下一些功夫。

毛二可认为，研究生的论文必须要有创新，创新点可以有大有小。创新多少于论文多少直接相关，但不相等，但有的研究生论文没有创新点，这样的论文就没有意义。他指导的多名研究生学位论文被评为北京理工大学优秀学位论文：91 级研究生龙腾的学位论文《高分辨率雷达数字信号处理》被评为 1995 年度北京理工大学优秀博士学位论文，92 级研究生赵卫宁的学位论文《自适应 MTI 滤波器的研制》被评为 1995 年度北京理工大学优秀硕士学位论文。

毛二可特别注重选拔培养基础好、事业心强的好苗子作为青年学科带头人。他经常说："雷达技术研究所只有培养出一批高水平的青年学术骨干，才能使事业不断发展，才能在激烈的竞争中占一席之地。"毛二可一直倡导"团结人、培养人、宽容人"，提倡让团队里每个人都能充分发挥作用，既要共同完成科研项目，也要让每个人都有发展，使团队形成良性循环。他针对每个学生的特长和项目对学科的需求，帮助他们确定各自的研究方向，齐头并进，独当一面。现在，龙腾、吴嗣亮、高梅国、赵保军等后起之秀，都已经成为各自领域的学术带头人。毛二可对待学生像自己的孩子，精心呵护每个人的成长。只要有学生跟他讨论雷达技术、谈起信息处理，平常不苟言笑的他就会变得滔滔不绝，恨不能把平生所学都传给学生，以至于跟学生讨论问题经常错过

图 8-3　耄耋之年的毛二可在指导学生开展野外试验

了吃饭的时间。学生们甚至开玩笑说："不能和毛老师谈雷达，一谈就完不了，吃不上饭。"而每当学生在科研中遇到困难的时候，他总是鼓励大家："要闯出一条路来。"学生们觉得，毛老师理解的眼神和鼓励的话语，是自己一次又一次战胜困难的坚强后盾。

学生吴嗣亮在给毛二可八十华诞贺词中曾写道："是毛老师把我带入了雷达技术领域、带入了无线电技术领域，让我体验到了电磁波的无限魅力和操纵电磁波的无限乐趣。"[1] 很多像吴嗣亮一样的热血青年就是在这种"电磁波魅力"的吸引下，怀着对祖国无限的热爱，瞄准国家重大战略需求，"多少春秋风雨改，多少崎岖不变爱"，坚定而自信地走在国防科技的前沿。

毛老师和他的老同事们对雷达所的青年教师和学生，就如同对待自己的孩子，既严格要求，又呵护有加。在学生眼里，毛二可既是严师又是慈父。毛二可总是跟学生打成一片，亦师亦友，亦父亦子。平时师生天天在一起，连出差都会带上学生，细致照顾他们。郭学雷记得，当年跟毛老师去西安出差，住在空军驻地，周末他们只吃两顿饭，可是这对年轻的小伙子来说，饿得受不了。毛二可就买了红烧肉罐头和面条，在招待所房间里给郭学雷煮红烧肉面条。"吃的那个香，一辈子也忘不了"[2]，郭学雷说。

一位学生深情回忆：

① 张爱秀：久有凌云志，敢为天下先——专访 2013 年度国家技术发明奖一等奖获得者吴嗣亮教授。《北京理工大学校报》，2014 年 1 月 10 日。

② 郭学雷访谈，2017 年 11 月 16 日，南京。资料存于采集工程数据库。

毛老师不仅十分关心我们的学业，也特别关注学生的生活。他拿出自己的光华基金奖金和科研提成发给研究生。硕士期间，学校发给研究生的普通奖学金是每月 40 元，教授的工资也就每月 200 元左右，而雷达所每月额外发给我们 30 元，用于改善伙食和购买防止高频辐射影响身体的补品，使我们的奖金与骨干老师一样。雷达所还拿出 5000 元科研酬金作为基金，用利息每年奖励有成果的学生。硕士毕业前，我做的课题获得成功，雷达所还一次性奖励我 500 元。

毛二可总是希望每株幼芽都能茁壮成长。他从来不向学生们吐露内心的苦恼，实际上，他常常生活在苦恼之中。与常人不同的是，他总能在最后将苦恼化为开心。博士毕业时，毛二可非常希望郭学雷能留在团队中，但因为家庭等现实因素，郭学雷选择离开跟随七年的导师，到南京发展。虽然此时正是毛二可团队因社会变化等原因，人员流失严重，是苦于寻找接班人最难熬的时刻，但从学生长远发展和生活情况考虑，毛二可尊重学生的选择，还是选择放手让学生在更广阔的空间飞翔。

20 世纪 80 年代末至 90 年代初，高校、科研院所待遇较低，大量人才流向社会，雷达研究所面临青黄不接、后继无人的窘境。眼睁睁看着自己培养的优秀人才一一离开，毛二可焦急万分。他经常伤心地自语："买了这么多仪器设备，将来给谁用啊！"

90 年代中期，龙腾已经成长为毛二可的得力助手。毛二可十分想让他作为后续接班人，因此多次找龙腾谈话，希望他留校。此时的龙腾十分矛盾：一方面，他热爱雷达事业，而且已经与毛老师结下了深厚情谊；但另一方面，现实问题摆在面前，在当时的情况下，如果选择留校，就意味着接受清贫的生活和艰苦的工作，每月工资只有 600 元，而在中关村公司工作的硕士同学，月工资可达到 5000 元以上。

龙腾的内心经历了激烈的思想斗争，不禁想起毛老师的科研生活。他记得毛老师一家四口人 20 多年挤在一间仅有 12 平方米的教师宿舍里；为了科研，毛老师完全没有业余时间，几乎每个晚上和周末都在工作；毛老师对生活的要求也简化到了极点。过着这样的生活，毛老师追求的又是什么？孔子曾评价自己的弟子颜回：一箪食，一瓢饮，在陋巷，不改其乐。毛老师身居陋室，关心的却是科学的发现和探索；他失去了很多生活中的享乐，却在科研中体会着最大的快乐。这样想来，龙腾越来越倾向于留校：如果留校，也许一直会清贫艰苦，但是毛老师在清贫艰苦的生活中却锻造出渊博的学识、丰硕的成果和桃李满天下的人才。他从内心深处深深地敬仰和钦佩毛老师，愿意追随他从事雷达研究事业，希望自己能成为像他一样的人。

　　龙腾留校后，和其他两名青年教师挤住在一间 12 平方米的宿舍。毛二可知道后，为了解决青年教师的生活待遇问题，从来没有为个人待遇提过要求的他和其他老同志，多次找校领导和主管部门反映情况。终于在龙腾结婚时，给他申请了一个 12 平方米的筒子间。毛二可经常说："雷达技术研究所只有培养出一批高水平的青年学术骨干，事业才能不断发展，才能在激烈的竞争中占有一席之地。"为了留住人才，毛二可想方设法地解决年轻人的后顾之忧。

　　说起毛二可对人才的珍惜和爱护，高梅国的故事无法绕过。现为北理工雷达所副所长的高梅国，的确是经历了一番波折才走进了雷达研究所。高梅国在攻读博士学位期间表现出很强的独立从事科学研究的能力，在国内对数字处理技术还处于起步阶段的时候，他已成功地完成了全数字动目标跟踪的核心技术工作，在研制"波形分析动目标跟踪处理机"项目中起了关键作用。高梅国博士毕业后没能留校，且在单位不能很好地发挥作用。毛二可得知后，立即向学校领导申请把高梅国调回。那时，要申请一个进京户口谈何容易，进京手续一办就是两年多。没有学校的教师身份，毛二可就千方百计挤出钱来，给高梅国发工资；没有学校分给的住房，就由研究所出钱租房。最终，经过学校多方努力，高梅国才成为雷达所一名正式职工。高梅国到学校工作后，完成了多项重大课题，发挥了骨干作用。

　　在商品大潮冲击下，有些学生心浮气躁，某些高薪企业趁机将毛二可苦心培养出的博士几乎"一网打尽"。毛二可为此苦恼了很长时间。后来，他将自己获得的光华基金奖金，全部分发给青年教师和研究生，每人 50元。总参谋部一位研究所所长说："当时教授的工资也就 200 多元，当我们接过这份补贴，就接过了老师的苦心和爱心，还有什么理由要求调走呢？"

已婚青年教师没有住房，毛二可从研究所的牙缝里挤出钱来为他们租房；教师的妻子分娩，他就租更宽敞明亮的住宅给产妇住。但他知道，这终究只是权宜之计。于是，他来到学校党委书记办公室，要求学校为青年教师解决住房困难："哪怕由我们研究所出一部分钱也行。"时任校党委书记焦文俊在常委会上说："我今天听到毛老师为青年教师的呼吁，内心受到震撼。解决这个问题要有非常措施。"学校决定，向银行贷款建设教师住宅。房子建成，毛二可兑现承诺，由研究所帮助青年教师预付购房首付款，使刚到而立之年的青年教师住上了宽敞明亮的三居室。没有了后顾之忧，所有人都有了一往无前的工作动力。

甘为人梯创"三让"

进入 90 年代，毛二可特别重视学术思想的传承和青年学科带头人的培养。

他不赞成某些老教师那种"功成身退"、不愿培养青年人的观点，也不赞成那种对青年人不放心、不敢放手把工作交给青年人的思想。相反，他极力推荐雷达研究所的青年专家，他认为这样的人才不仅了解国家动态、工程需求以及国际需要，还能根据实际需求去解决国家大任务的问题，与国家真正的需求相结合，只有如此，雷达的研究才有发展前景。否则，在国家需求之外，照着国外的资料进行科研只能被边缘化。

怎样为年轻人营造一个天高任鸟飞的环境？这是毛二可年过半百后最关心的问题。除了生活上的呵护和照顾，毛二

图 8-4　毛二可与学生在实验室

可还竭尽所能为年轻人创造更好的发展机会。为此，他提出了闻名北京理工大学的"三让"：向年轻人让项目主要负责人位置，向年轻人让获奖殊荣，向年轻人让自己担任的专业学会委员职务。这个"三让"，震惊了学校和学术界，凝聚了团队和人心。

为了给年轻人提供施展才华的舞台，毛二可甘愿做人梯，早早就主动退居二线，让青年人挑担子。1996年，龙腾和高梅国留校不久，62岁的毛二可就主动辞去了所长的工作，请何佩琨担任雷达所所长，推荐龙腾和高梅国同时担任了副所长。2004年，何佩琨因年龄大，又把所长担子交给了年轻的龙腾。对于现在雷达所的建设和年轻领导班子的工作，毛二可非常放心和满意：

> 现在的所领导各项工作还是安排得很好的，我们以前的领导在任劳任怨方面做的还可以，但是在交流合作上就要差一些了，这样是打不开很大的局面的。现在和我们那个时候完全不同了，国内外的情况全都变化了，现在一定要开放，所以这些工作就由他们来继续完成。①

一项获得国家发明奖三等奖的成果，在研制中，他起过关键作用，而在报奖时，他将自己的名字从研制人员名单上一笔勾销。还有一项成果获奖后，他的"隐姓埋名"遭到研究所全体人员的一致反对，他才同意把自己的名字列入获奖人员名单，但条件是只能排在最后一名。就这样，"三让"在所里蔚然成风。

毛二可尤其注重培养青年学科带头人。让出研究所领导岗位，主动退居二线，自己甘做人梯，是毛二可加快青年人成长的一大举措。2004年以来，毛二可设计、撰写了十多个项目建议书和详细方案，有很多项目亲自答辩。项目申请成功后，他却把年轻人的名字写在项目负责人上，自己的名字写在后面。获奖人员名单和学术论文署名，他一次又一次把自己的名字排在学生后面，甚至不署名。学校为院士专门提供了宽敞明亮的办公

---

① 杨舰：毛二可学术思想传承与创新。见：李正风主编，《中国科学与工程杰出人物案例研究》。北京：科学出版社，2013年，第561-615页。

室，他让给青年教师和博士生当工作室。如今，凝聚着毛二可无数的心血与希望，龙腾、高梅国、吴嗣亮、赵保军等博士都在各自的研究领域取得了突出成果，成长为雷达所第二代领军人物；曾涛、李海、侯淑娟等雷达所第三代人才也正在茁壮成长。在他的带动下，雷达所青年学科带头人队伍初步形成，已有 6 名博导、40 名教师、近 300 名研究生，形成了雷达所稳定而扎实的科研创新梯队。

毛二可为人谦虚朴实，作风民主，善于发挥科研集体中每个人的积极性。他不争名、不争功，充分肯定每个人的贡献。毛二可说："我甘愿做年轻人前进的人梯。"他协助他们制订方案，讨论解决疑难问题的方法，而把研究成果归于青年同志。毛二可总是主动把年轻人推到前面，自己不评奖或名次往后放。

1994 年，雷达所研制的一个项目申请国家发明奖三等奖，毛二可在研制过程中一直发挥着重要的作用，排在第一位毫无争议。当时毛二可还没有当选院士，国家级奖励对评选院士非常重要，可他坚持把与之合作多年的周冬友老师排在第一位，他的学生高梅国排在第二位，从获奖名单里划去了自己的名字。很多人对此很不理解，他却说："在荣誉面前要让年轻人上"。

再如，"波形分析动目标显示雷达信号处理器"的学术思想是他提出来的，由其他几位成员研制成功。在上报奖励时，他主动要求不写自己的名字，以便其他成员上。他总是说："成果本来就属于大家，我只是一个代表，所有的荣誉都应该记在集体的账上。"这个传统在雷达所仍在传承，在报"雷达仿真"项目奖时，吴嗣亮教授主动把发挥作用更大的曾涛名字放在前面，后来该项成果获得国家科技进步奖二等奖，后者也因此评上了教授。

年轻人有了发展空间后，干劲儿十足，成长非常迅速。1998 年，吴嗣亮博士后出站留校，很快就成为雷达所的脱靶量测量系统项目骨干。他把新的信息处理方法引入脱靶量测量系统，大大提高了系统的测量精度。2000 年，龙腾和高梅国、吴嗣亮三人以 34 岁的平均年龄同时成为北京理工大学教授、博士生导师。赵保军教授根据需要从自动控制专业转向了光电红外图像信息处理，做得十分出色。曾涛到英国做访问学者一年，回国不久就在国际最高水平期刊发表了三篇论文。2004年，赵保军、曾涛同时成为博士生导师，当时曾涛只有33岁而且职称只是副教授，这在北京理工大学还是首例。

很快，自主创新、勇于拼搏的雷达技术研究所青年学科带头人队伍已初步形成，涌现了许多优秀的青年骨干人才，这其中包括国家"863"专家、总装备部专业组专家、北京市五四奖章获得者、北京市优秀教师、政府特殊津贴获得者、跨世纪优秀人才、霍英东青年教师奖获得者等。[①]

大团队管理

这么多年来，最让毛二可引以为傲的，就是他一手建立起来的创新大团队。毛二可为雷达所培养了一批中青年学术带头人，奠定了雷达技术研究所蓬勃发展的基础。在确定学科研究方向、打造科研团队的同时，毛二可还一直思考一个重要问题，那就是雷达技术研究所的管理模式。长久以来，雷达所国防研究项目经费不足，让毛二可非常头疼。经过深思熟虑，他带领团队改革现行科研管理体制，强调群体力量和学术民主，同时组建了教授委员会，建立人、财、物统一管理调度的大团队管理模式。

所谓大团队管理模式，就是项目实行统一分配，经费进行统一管理，人员统一调拨，许多项目都是编队组合来完成，这样能发挥每个人的特长，又能联合作战攻克技术难关。

20世纪80年代，毛二可和研究所老同事将研究所的全部科研经费、实验室设备等公共资源集中起来，实行统一管理和调度。这种管理模式有利于综合调度团队的人、财、物等各种资源，可以将科研结余的经费集中起来用于实验室建设，可以形成大平台、承担大项目、产生大成果，为团

---

① 蔡继乐，赵正元："雷达院士"的三种精神——记北京理工大学教授、雷达专家毛二可。《中国教育报》，2006年6月28日。

图 8-5　1989 年 9 月，毛二可（前排右一）荣获 "全国先进工作者" 称号，参加在北京人民大会堂举行的表彰大会

队的成功奠定体制基础。10 年间，他们共投入了 100 万元科研经费，而他们当时的每月工资只有几百元。

大团队的管理模式也曾受到质疑。90 年代中后期，随着雷达所人员的增加和规模的扩大，大团队管理模式引发了一些争议。有人提出要学美国 "一师带多徒" 的课题组长负责制，说："美国的高校基本都是一名导师带几个研究生，搞成分散的小团队，国内不少高校也是这样做的，科研体制都是课题负责制，是五六个人的小团体。雷达所为什么要搞这么大的团队？为什么雷达所的教师不可以按照美国高校的形式，按导师分散成多个团队？" 在各种压力和议论面前，沉稳内敛的毛二可坚持走自己认为正确的方向，不盲从、不跟风、一切从实际出发，独立思考、自主创新。他始终坚持实行集中管理、集体领导的运行模式，全所课题、人员、项目、仪器设备统一管理和调度。毛二可的态度非常坚决："国外行，别的学科行，搞雷达研究不行！" 他认为，虽然课题组的小团体模式在做某些研究时很有优势，但是在面对系统性、综合性的课题时就显得力量单薄。比如，北京航空航天大学搞无人机、哈尔滨工业大学搞卫星，都需要一个大的集体来完成，需要各方面的单位协调一致地工作才能搞好。

任何一种管理模式都要与学科研究相适应，现行课题组长负责制，难以避免小、散、弱，不能适应雷达技术系统创新和技术创新，需要多学科联合攻关。雷达技术是变化多端的信息学科，要以系统创新和技术创新为主，课题组长负责制难以适应。只有集中全所的资源和力量构建大团队，才能形成大平台，承担大项目，产生大成果。

事实证明，毛二可的坚持是对的。在新的研究领域，尤其是开拓新体制雷达领域后，大团队集中管理的优越性进一步凸显出来。

2000年，曾有一个研究所希望北理工雷达所为他们研制一种图像跟踪信息处理机，团队在全所范围调动精兵强将，用其他项目的科研经费支撑这个探索性研究项目，很快就拿出了样机，为雷达所开辟出一个新的研究方向。

曾在雷达研究所做博士后的吴嗣亮，提出用新方法解决脱靶量测量难题，由于项目难度太大，在进度方面有所滞后，在前期投入经费已经用完，而后续经费遥遥无期的艰苦阶段，毛二可调用雷达所以前科研经费结余的自有资金投入测量系统的研究，保证了项目的顺利实施。吴嗣亮如今已是雷达研究所副所长，回忆起这段往事，他深有感触地说："若不是研究所统筹调配资金，一些自主开发的科研成果也许就不能问世了。"[1] 事实让大家更加认可这种管理模式，全队齐心协力攻克了一个又一个国防科技的难题，还培育出了一批批科技人才。现在这个团队已形成自主创新、自主造血的机能，科研经费也每五年增加一倍。2005—2009年，雷达技术研究所的科研经费翻了一番，达到了7400万元，其中国防科研经费占90%；承担的课题有"973"课题、军方"863"课题以及总装预研课题；出版学术著作5本，被SCI收录论文411篇，授权或受理专利145项。[2]

毛二可还为雷达所营造了人尽其才的和谐氛围。在培养中青年科技骨干的过程中，毛二可深思熟虑，针对每个人的特长和发展需要，帮助他们确定各自的研究方向，使每个人可以独当一面，在各自的研究领域成为颇

① 兆丹：二可教授的定律。《北京支部生活》，2006年第7期，第55-57页。
② 杜美林：坚持党的领导，创建一流团队——记信息与电子学院雷达技术研究所党支部。《北京理工大学校报》，2010年9月6日。

有影响的中青年专家。同时，团队成员研究方向的发散，避免了团队内部的重复建设，扩展了雷达所的研究领域。通过成员之间的交流、协作与配合，自然地完成了学科交叉和学科融合，开拓出新的技术生长点，从而获得了"1+1＞2"的团队效应。

毛二可说："在我们具备了一定科研条件下，只有加强科技创新团队的建设和管理，才能快出成果、多出人才。建设创新型国家的根本在教育、在人才，高校应尽快培养和汇聚更多的高层次人才。"

毛二可尤其重视学术带头人的培养，从打下扎实基础入手，到训练提高创新能力，再到学会把握学科发展方向，统领全局，形成了一套较为完善的培养学术带头人的经验体系。在雷达技术研究所中，已经产生5位青年学科带头人，他们以不到35岁的平均年龄获得了正教授职称和博士生导师资格，开创了青年教师培养的新局面。

从一个课题组单独打拼发展到多个课题组互相配合，从单一的雷达研究领域扩展到国防科研多个领域，雷达所的发展始终得益于以大团队为基础的管理模式。而要维系这种模式，除了需要健全各种规章制度之外，团队的团结是核心问题。

毛二可一直在自己的团队强调科学、奉献、团结的精神。

1993年，当龙腾还是一个博士生的时候，一天晚上，毛二可照例在深夜回家之前巡视检查学生功课。龙腾和一位同学正在讨论学术问题，毛二可问两人说："你们觉得雷达所发展最重要的因素是什么？"两个学生都不知怎么回答。毛老师说："雷达所发展最重要的因素是团结。'人心齐，泰山移'，你们一定要记住。"谈话一直持续到午夜，毛二可才在浓重的夜色中离开实验室。这次谈话以及毛老师对团结的重视深深地留在了龙腾的记忆里。

十几年来，雷达所一直沿着这个方向奋斗。尽管所领导更换了一代又一代，团结和谐始终是雷达所保持不断发展壮大的内在动力，是不变的信条。2004年，年轻的龙腾接任雷达所所长职务，他说："接任当天，毛老师找到我，嘱咐说，一定要搞好团结，有了问题就找你，因为你是党员。"[1]

---

① 兆丹：二可教授的定律。《北京支部生活》，2006年第7期，第55-57页。

毛二可"凝聚人、培养人、宽容人"的为人准则，始终是雷达所成功建立大团队管理模式、营造团结和谐氛围的力量源泉。在毛二可教授的感召和带领下，这个创新团队呈现出可喜的凝聚力和向心力。在这样的科研环境中，正如一个青年博士所说："我舍不得离开这个集体。"良好的科研氛围，使雷达所发展成为拥有8名博导、33名教师、近300名学生的科研创新梯队，这支团队目前已获得6项国家级科技成果奖，20余项省部级科技成果奖，在国家核心期刊上发表论文800多篇，为我国的科研事业作出了巨大贡献。

团队"摇扇人"

《三国演义》中，军师诸葛亮总带着一把羽毛扇，他用这把扇子指点江山，行兵布阵。诸葛亮不会亲自上战场杀敌，他是团队里出主意、定方向的人。同样，在一个科研团队中，也需要一位指挥者。毛二可很早就把自己定位为雷达所的"摇扇人"，他知道这个团队需要一个引领者、一个思考者。于是，他早早放手让年轻人担当起更多责任，为重要项目挑大梁，自己主要出谋划策。在雷达所，以毛二可为中心，形成了一股无形的向心力。

"一方面是毛院士几十年如一日、勤奋求实做科研的人格魅力的感召，另一方面是我们能够在有所作为的雷达事业中找到自己人生的价值和坐标。毛二可团结创新的科研精神和宽以待人的行为准则，为雷达技术研究所凝聚了一大批高水平的中青年学术骨干，形成了集中管理、交叉互补的团队模式。可以说，雷达所今天的成绩，都是在毛教授奠定的基础上发展起来的。"雷达研究所所长龙腾的话揭示了这种向心力的内涵。毛二可是怎样的一个人，他率领的团队，就是怎样的一个团队。

目前，北京理工大学雷达技术研究所已经形成了一支科研创新梯队，既有毛二可等老一辈知名学者坐镇，又有龙腾、高梅国、吴嗣亮等年富力强的中年教授，还有曾涛、赵保军等青年学者和大量博士、硕士研究生。"四代同堂"的大家庭，让毛二可的精神一代又一代传承下去。

雷达所的"第二代"被扶持上项目主持人位置后，成长迅速，懂得必须把国家利益放在首位。某天，外场试验基地打来紧急电话，一个"第二代"正发高烧。接到通知，她没有丝毫犹豫，翻身起床就出发了。在长途汽车上颠簸了七八个小时，下了车，顾不上吃饭，就坐在电脑前编写修改程序。到第二天凌晨3点，身旁的另一个"第二代"，见她实在支持不住，硬是接替下她，一直工作到黎明。她起床以后，接过项目，又继续工作。还有一个"第二代"在海上工作两天一夜后，突然接到新的任务。他迅速赶往指定海域，不顾风高浪急，深夜爬上支撑架，下载试验数据。连野战部队的指战员都说"没见过这么能吃苦的博士"。"第二代"又带出了"第三代"，甚至"第四代"。

现在，毛二可当年的作息时间表，已在雷达研究所通用。周一到周日，每天夜间10点过后，繁华的北京城已进入梦乡，可雷达所一间间实验室依然如同白昼，中青年科技人员仍在电脑前，专心致志做实验。他们每日在实验室、宿舍、食堂三点一线；有时在波涛汹涌的大海上、在强烈震动的飞行高空里、在渺无人烟的荒郊野外做试验，一待就是数月。他们缺少与家人团聚的温馨浪漫，缺少旅游休闲的逍遥自在，一个中年博士说："我们无怨无悔，只要成了雷达所的人，就不能不把国家利益放在首位。"

学生在读博期间，毛二可带着他们从科研的基础干起；博士毕业后，马上就让他们担任项目负责人。比如，1995年龙腾博士毕业留校，1997年刚有了高级职称，就担任了信号处理机3个课题的负责人；又如，在脱靶量测量系统的课题研究中，毛二可将1400多万元的合同，交由同样毕业不久的吴嗣量领衔完成。龙腾总结了毛二可培养学术带头人的"三部曲"：

> 第一步，扎实基础，对博士生来说就是系统概念的扎实；第二步，培养创新能力；第三步，学会把握学科发展方向，统领全局。不

仅项目让年轻人牵头、待遇向年轻人倾斜，而且为我们创造各种对外交流的机会，逐渐树立起我们在同行中的知名度，这一切，激励着我们干事业的热情和动力。现在，这人才培养的"三部曲"，又通过我们传承下来。

在这种统一和谐的氛围里，年轻人感到事业上有奔头。博士毕业生李海说："只要努力工作，就会在这里得到回报。"

毛二可巨大的人格魅力，深刻地影响着雷达所的每位师生。"见困难，主动上；见荣誉，主动让"，在雷达所，这已经成为一种默契。在团队精神的激励和影响下，团队成员同舟共济、群策群力，有困难共同克服，有问题共同解决，有风险共同承担，形成了强大的合力。

对此，刘峰体会颇深。在研制北斗二代基本型用户机过程中，他认为雷达技术研究所在导航系统以前完全是一个圈外单位，经过几年的奋斗，至少在某些领域能做到圈里的前几名，靠的就是这支特别能吃苦、特别能战斗的队伍。"最顶层的是毛院士这种科研精神和科研方法的引领，中层受到龙腾教授等中坚力量对具体科研方法的指导，底层有大量的博士、硕士勇于拼搏、戒骄戒躁、持之以恒，我们一起奋斗。每一层都是不可或缺的，没有精神就没有方向，没有方法就没有达到目标的道路，没有人和你一起奋斗就没有达到目标的条件和动力。"雷达所所长已经换了三届，博士生已经到了第三代，早年来过雷达所的专家故地重游，提起对雷达所师生的印象，总是异口同声说："没有看出今天与昨天有多少不同。""第一代"的4个博士得到毛二可的真传，成为4个方向的学术带头人后，带博士生同样坚持身教重于言教。

现在，已经退居二线的毛二可的主要工作是培养年轻的教师，研究所的技术工作主要由年轻人承担，学术水平提高很快。他最讨厌作风浮夸的人，对有的人急功近利炒作自己在学术上的贡献很有看法，他说：

要从长远考虑问题，不要看眼前的利益。

一个人的成就，是几十年积累下来的，不是因为哪一件事情做得好；而且，一个人的学识本领，是长期积累下来的结果，急功近利反而害了自己。学问是不断积累的，一个人能几十年一直研究一个方向，需要有浓厚的兴趣，不为名利金钱所动摇。今天的成果，是以前一步一步创造出来的。只有不断积累，知识水平才能逐步地提高起来。

毛二可团队通过不断的技术创新和理论创新取得了巨大的成绩，同时也打造了一支敢于创新的团队，这支团队又不断推进技术创新和理论创新。

如今，毛二可带领的创新团队获得了北京理工大学、北京市、教育部、国防科工委等多项奖励。2006 年，团队被国防科工委授予"国防科技工业优秀创新团队"，并在"十一五"运行情况评估中荣获第一名。2007 年，以龙腾为带头人的"新体制雷达与实时信息处理"团队被评为教育部"长江学者和创新团队发展计划"创新团队，同年又被评为"全国教育系统先进集体"。

第九章
"二可"定律

在学生们眼中，毛二可给人一种似曾相识的亲近感，他穿着朴素得体的衣服，满头花白的头发，言谈举止亲切随和，完全看不出他就是中国工程院院士。平凡的外表下，是他不平凡的科学追求和高尚的精神境界。他始终保持着谦虚谨慎的工作作风，保持着求真务实的科学精神。

北京理工大学雷达研究所的学生，在私下里都称他为"二可"教授，因为在一些无足轻重的事情上，毛二可总是随和地说"这也可，那也可"。但在事关雷达事业发展的大问题上，他却从来不让步。几十年来，毛二可遵循着几条雷打不动的定律。

信仰的力量

2006 年七一前夕，72 岁的毛二可被评为北京市优秀共产党员和全国优秀共产党员。6 月 30 日，他作为全国 50 名优秀共产党员之一，在人民大会堂受到时任中共中央总书记胡锦涛的接见和表彰。2007 年，毛二可当选为中国共产党第十七次全国代表大会代表。

"信仰坚定，无比忠诚的优秀共产党员。"北京理工大学党委宣传部的负责人这样介绍毛二可。

早在 20 世纪 50 年代初，高三时的毛二可第一次听到解放军介绍农村土改工作；上大学时，他发现来自解放区的干部和同学们穿着朴素的土布衬衣和灰色干部服，待人真诚，这给毛二可留下深刻印象。大学二年级，毛二可成为全班第一个新发展的共青团员，年仅 19 岁的他立下誓言："要向保尔所说的那样，把自己的一生贡献给人类最崇高的事业，为无产阶级解放而斗争。积极靠近党组织，争取做一名共产党员。"

1953 年，毛二可在入党申请书中写道："党的事业就是我的奋斗方向。为了党的事业，我愿贡献出自己的一切。"历经岁月的考验，1984 年 6 月 23 日，这份入党申请书饱受岁月的侵蚀已经渐渐发黄，毛二可终于在党旗下庄严地举起了右手，光荣地加入中国共产党。这时的他，已经从一个刚入学的大学生成为我国雷达事业的中坚力量。从第一次递交入党申请书到正式入党，31 年的矢志不渝，毛二可的话语坚定有力："看到国家已经走上繁荣富强的道路，我跟共产党走的信念就不会改变。"

31 年间，毛二可经历了人生的起起伏伏，但他对党的事业的追求始终没变。"党的事业需要发展科学技术，我们搞科研没有错"，带着这样的想法，冒着被批判的风险，毛二可一直坚持和几位志同道合的老师从事科研工作："当时支撑我们的，是战斗在国防科研战线的千百万科研人员的共同信念，那就是党的利益高于一切，祖国的国防事业高于一切！"[1] 不管何时，为党的事业奋斗，为国家和人民奋斗，梦想与家国情怀相伴，是毛二可一辈子的目标，从那时起到现在，毛二可始终坚定不移地实践着自己的人生誓言。

在毛二可心中，他一直认为，对党和国家的回报就是做好工作，对社会和群众的回报就是关心学生和同事，从不忘本。

而对于毛二可来说，最重要的工作就是雷达。1951 年考入北京工业学院时，国家百废待兴，他服从国防建设的需要，改学雷达专业，成为全国

---

[1] 保婷婷：雷达专家毛二可院士：我愿为党贡献一切。《科学时报》，2006 年 7 月 13 日。

地方院校雷达专业的第一批大学生。年过耄耋，他依然坚守在雷达科研一线，一辈子为祖国研制注视蓝天的"千里眼"。他始终坚持对共产主义理想信念的追求，即使身处逆境，也把这份追求深埋心底，将爱党爱国的情怀倾注在国防建设的工作中。

毛二可不仅是一个脚踏实地的实干家，更是一位有远见卓识的哲学家。在雷达科研事业中，他从不盲目地跟在别人后面走，而是有自己的思考，有自己的追求。他辩证地分析和考虑的有三个层面：国际先进技术发展趋势、中国实力、国防急需的项目。科研的落脚点是为了祖国的强大，要走出自己的科研之路。

在科研工作中，毛二可总是坚持从实践、从国防建设的急迫需求中，敏锐地找到创新点，坚持科研创新，不断学习和研究新理论，利用现有理论创造出新的成果，并用来解决有关雷达的实际问题。

中国工程院院士、北京理工大学校长龙腾，提起自己当年选择留校工作时说：

（选择留在学校工作）第一个因素是毛院士的引领，我当时跟着毛院士已经有五六年了，可以说我是被他的学术水平和精神力量所感召的。其实，毛院士经历的困难比我们多得多。在艰苦条件下，他坚持搞研究，才有了现在这样的成绩和为国家科技作出的贡献，所以我个人认为，他其实是非常有理想主义精神的。北京理工大学在50年代吸纳了全国最优秀的人才，造就这一种理想主义精神。这种精神对我们年轻人是有影响的。我们在不自觉当中也做了这种选择，是对他精神力量的跟随，这已经成为一种认识，甚至成为一种共识。我们对他是敬仰的，希望能够追随他的脚步，从我们内心是有一种呼唤的，这是一个因素。

第二个因素是，我对于所从事的工作、对国家长期的发展是有信心的。毛老师坚持就搞雷达，别的没考虑，他的研究领域方向始终执着于雷达。但他不是用旧有的方式搞雷达，他是将最新的技术、最新的方向引入雷达当中来，用雷达里面最新的东西和相关领域最新的东西来搞雷达。在这一点上，对我们又是终身的一个影响。①

毛二可常说："把国家的国防搞上去，什么时候也不会错。我们从事这方面的研究，就理应多做工作、多出成果。"他带领团队，几十年如一日，坚持走用最新技术解决实际问题的道路，始终着眼于国防科技急需的关键核心技术，坚持承接技术难度大、创新内容多但支持经费又较少的项目，正是通过这样不懈的努力，雷达所在竞争激烈的雷达技术研究领域掌握了自主控制的知识产权，获得了在高校研究雷达核心技术的主动权。

将国外的研究与国内需要相结合，不脱离我们国家真实情况的科研，就是研究新的问题，这才是科研水平的体现，毛二可始终这样认为。②

经有学生这样描述毛二可教授：他给人一种似曾相识的感觉，朴素得体的衣着，花白的头发，亲切而随和的言谈举止，让你一点也看不出他就是中国工程院院士，著名的雷达专家。

的确，虽然身为国防科技战线的著名科学家，多个重要国家级奖项的获得者，毛二可始终保持着谦虚谨慎的工作作风，保持着求真务实的科学精神。而平凡的外表下，是他不平凡的科学追求和高尚的精神境界。

几十年来，毛二可一刻不曾放松对自己的要求，他身体力行，不争名、不争利，永葆共产党员的先进性，发挥了共产党员的先锋模范作用。他的言行影响了大批雷达所的教师，使雷达所成为"特别能吃苦，特别能战斗，特别能攻关，特别能奉献"的先进集体。

早在20世纪70年代，毛二可和同事韩月秋、周冬友等五六个人，为了雷达事业走到了一起，这是团队的第一代创业者。当时面临的最大难题是没有研究经费和实验设备，他们就自己修旧利废作设备，艰苦奋斗，不向国家伸手；降低个人的生活待遇，远途出差住最便宜的旅馆，短途实验总是骑车往返，他们节省每一个铜板。韩月秋负责行政管理，整个所里的开销都精打细算，连办公室的窗帘都拿回家自己洗，人称"好管家"。奋

---

① 龙腾访谈，2017年9月6日，北京。资料存于采集工程数据库。

② 杨舰：毛二可学术思想传承与创新。见：李正风主编，《中国科学与工程杰出人物案例研究》。北京：科学出版社，2013年，第561–615页。

斗带来了经济收益，学校规定科研节余经费可以按一定比例提奖金，但为了科研所的持续发展，他们毫不犹豫地将全部节余用在了实验室的建设上。就这样，10年投入220万元，两次更新试验设备，使研究所具备了基本的研究设施和条件。这代人创下了基业，也奉献了自己的全部。

90年代，雷达技术研究又面临着新的考验。由于学校与国内主流雷达研究院所不属于同一个主管部门，申请科研项目十分困难。再加上当时出国、"下海"盛行，相当一部分年轻人对国防事业不感兴趣，认为国防企业大都在山沟里，工作苦、收入低，个人难有发展前途。而且，当时的电子技术已经应用到了寻呼机、手机上，学电子的学生大都热衷于学通讯，毕业后到外企做工程师，收入是大学教师的八九倍。在这种大环境下，还要不要坚持以雷达为主要研究方向？人们顾虑重重。1993年，雷达技术研究室要更名为雷达技术研究所，大家有了不同的看法。一些同志提出："名字改为电子技术研究所是否更好一些？这样面宽，也可以从事其他电子技术的研究。"但是，毛二可坚持采用雷达技术研究所，他说："搞科研不能盲目跟风。我国的国防事业需要雷达技术，我们的研究专长在雷达技术，不能轻易改方向。"

成为党员领导干部、工程院院士以后的毛二可，依然保持朴素的生活作风，竭尽所能为雷达事业奋斗。学校为院士提供一间宽敞明亮的办公室，他让给青年教师和博士生使用。学校规定，院士用车随叫随到，可他外出开会仍然骑自行车，出差回来也总是乘公共汽车。一次，他在北京西边的鲁谷村开项目论证会，会议结束后，主办方安排车辆送他回家。他却说："自行车放在汽车后备厢会影响交通安全"，于是翻身骑上自行车就走了。后来，他用自己的积蓄买了一辆国产小汽车，公事私事都自己开车。北京理工大学的师生都知道，雷达所有一个"院士级"的司机。年过花甲以后，毛二可的工作量只增不减，指导博士生20余名，主持六七项重大科研项目。"生命对每个人只有一次，只有为人民谋幸福才有意义，才没有虚度年华"。他坐在电脑前，两眼透过老花镜，神情专注，喃喃自语。

有人问他对院士的身份怎么看，毛二可谦逊地表示："其实我只是普通的科技工作者，只是在自己的工作中做出了一点点成绩，国家就给了这么大的荣誉，自己还是以一颗平常心来对待。希望社会不要对院士过于追捧。一个搞科研的人，只要有一般的生活条件，能安心地做学问，也就满足了。"

2020年教师节前夕，毛二可获得了北京理工大学第二届"懋恂终身成就奖"。获奖后，他将100万元奖金捐给了学校。他说："我就是一名普通教师，希望这笔奖金能为支持我成长、工作一辈子的地方，培养出更多更好的人才。"[1]

"作为一名科技工作者，我始终把对党的事业的执着追求和对党的忠诚倾注到科研事业中去，把多出成果、出好成果，多培养人才、培养更好的人才，作为我对人民的奉献。"[2] 除了大力培养科研方面的人才，毛二可还积极参与大学生的思想教育工作。

2010年起的每学期初，北京理工大学信息与电子学院新组建的学生党支部通过学院提供的教授党员信息，根据自身情况选择教授党员并发出邀请。经教授和党支部双方同意，建立学员与"党建导师"的关系。"党建导师制"中的导师聘请的都是具有较高理论素养和道德情操的知名共产党员教授或副教授，指导学生党支部开展理论学习、专业学习、道德教育等活动，参与并指导支部民主生活会及党日活动。毛二可受聘于信息与电子学院本科第八党支部，成为本科生的"党建导师"。

虽然日常事务忙碌，毛二可还是抽时间积极参与学院的党日活动，帮助大学生提升思想道德水平，他经常结合自己的入党经历，通过时代对比，让学生党员重新认识并更加珍惜自己的党员身份。在一次主题党日活动上，他这样告勉学生党员："工作中不要急功近利，只要为集体事业奉献终身，终究会有回报。"

2018年3月15日，在北京理工大学信息与电子学院党委党建工作室以"师情学意"为主题的共建感恩传承活动上，作为学院聘请的"党建导师"，毛二可语重心长地讲述自己的经历与感悟：

① 温才妃：毛二可院士团队的三代师承故事.《中国科学报》，2021年9月7日。
② 闻风：把一切献给祖国的雷达事业——记雷达专家毛二可院士.《中国军工》，2007年10月19日。

做人跟做学问一样，责任心很重要，要有理想、有担当，要把自己的兴趣和国家需求结合起来，条件再艰苦也要努力克服，因为做一行就要爱一行！

2016 年，毛二可在北京理工大学 2010 级本科生开学典礼上勉励大学生：

人要有梦想，要为自己量身打造专属梦想，梦想还要与家国情怀相伴。

在我的教学科研生涯中，不管是艰苦的科研条件还是社会风气的考验，无论是顺境还是逆境，我始终都把理想和信念锁定在"党的事业是我的奋斗方向"的誓言上，我的个人梦始终与北理工梦、中国梦相伴，这是激励我在任何困难条件下坚持下来的动力源泉。[①]

作为一名科研工作者，毛二可并没有做不问世事的"书呆子"，尤其是当选为中国共产党第十七次全国代表大会代表后，他将心怀天下提升到更高的层次，并身体力行做更多的工作。作为十七大代表，毛二可利用每次开会和科研活动的机会，和同事、党员交流，期待着将高校一线科技创新如何落实，人才培养模式如何改进等信息、建议带上党代会，履行好一个党代表的职责。

钟爱雷达　矢志不移

谈到印象中的毛二可，学生吴嗣亮说：

[①] 陆琦：毛二可院士：让梦想成为心中不灭的火炬。《中国科学报》，2016 年 9 月 7 日。

毛老师最大的一个特点就是他对做技术真是感兴趣。有些人把做技术当作一项工作，或者可能是为了实现个人其他方面的追求，但是毛老师确实是把做技术当作个人的乐趣，外人看来老先生年纪大了怎么还在写东西、推公式、画图，但是他从那里找到快乐，我觉得这是他最大的特点。毛院士也没那么多华丽的话语，平易近人，他自己活得很愉快，把工作当作自己生活的一部分，认为做工作是很正常的事情。①

毛二可的经历很简单，用他自己的话说"我这一辈子没干别的，就是搞雷达。"但他与雷达之间，不是简单的人与技术的关系，而是一个优秀知识分子对人生价值的执着追求。无论是读大学时的专业选择，还是后来关于电视实验发射、雷达系统、信号处理方面的研究，都源于毛二可对自己所从事专业领域的兴趣与热爱。因为这份热爱，他能够脚踏实地围绕着自己的梦想不懈地努力。

毛二可从小就喜欢动手实践，不论是制作矿石收音机还是参加学校的无线电协会、广播站，都锻炼了他的动手能力。毛二可上大学时，起初学的电机专业的知识为后来转学雷达打下了一定的基础，又在苏联专家的指导下专门学习过雷达相关的知识。工作后，毛二可发现自己理论不足又进行了系统的补充学习。他意识到自己找到了兴趣与事业交融的人生道路，并有志于不断地向科学的高峰攀登。平时温文尔雅的毛二可，搞起科研来却有一股韧劲儿。只有他自己知道，实现梦想的过程是艰苦的，但又是充满快乐与获得感的。每当他成功地解决了一个科技难题，就会获得一种巨大的满足感。他曾说："我们要有梦想，但仅仅有梦想又是不够的，如果是'梦想的巨人、行动的矮子'的话，显然不可能美梦成真。"

在北京理工大学雷达研究所，"勤奋"是大家评价毛二可院士用到的最多的词。为了争取时间，他走路总是快步如飞，上下楼梯三步并作两步，

---

① 吴嗣亮访谈，2017 年 9 月 15 日，北京。资料存于采集工程数据库。

在实验室、机房、办公室之间来来回回都是一路小跑。几十年来，毛二可几乎没有休过寒暑假，更没有下班的概念，甚至连节假日都忘情于工作。有一年，学校为了强迫他和团队人员休息，专门立了个规矩：除夕至大年初五，教学楼拉闸限电。他的敬业精神在业内有口皆碑：别人一年有 12 个月，毛院士的一年要比别人多 3 个月，每天的加班加点让他的生命"延长"了一大截。

毛二可却说：

> 一个人除了吃饭、睡觉，一生实际工作的时间只有十几年，而毛老师的实际工作时间已经超过 30 年了，提起这点，龙腾教授对恩师的敬业钦佩不已。现在，党和国家为知识分子创造了这样好的条件，可以尽情地发挥自己的力量。但我搞科研的时间已经不多了，所以要和时间赛跑，在有生之年，多多发挥余热。而且我不觉得自己勤奋，我是对雷达有兴趣，愿意为兴趣多花一些时间，这很正常。
>
> ……
>
> 对于专业外的事情我总是不太在意。"文化大革命"时批判我走"白专道路"，我觉得自己并不是像大字报里说的那么坏。后来又有不少媒体报道我、表彰我，我觉得自己也不像文章里写的那么好。我一直是在干着自己觉得应该干、也乐于干的事情。我之所以能在专业上干出一些成绩，也主要在于我一直心无旁骛，从没有停止过自己的科研工作。

年轻时扎实的理论基础积累，使毛二可在一生的创新中有鲜明的实践指向特色，而且令他能对雷达领域的发展保持较高的敏锐度，能够高屋建瓴地指明雷达技术的发展方向。

> 我认准了雷达领域。一般情况，除非一个行业的研究到头了，被别的技术替代了，才应该换（方向）。如果不是这样，这个行业就会有发展，你就要一直跟踪。现在雷达在电子领域算是比较老的（专

业），但是不管从理论上还是实践上，发展势头还是很快，所以我们感觉这里头还可以做，还有发展空间。

比如，现在很多领域的发展都差不多到头了，能研究的东西都研究得差不多了，这样就不一定要继续做下去。但是，我认为雷达还不是这样，还有很多问题，不管是理论的也好、实践的也好，还有很多方面没有搞清楚，还需要去研究。

……

成功的关键，就是要对感兴趣的事物动手实干，耐得住寂寞，抵挡住一切名利的诱惑。我只不过是一直没离开过雷达这个专业，经验多一些，而且喜欢做科研。①

正是基于这种对雷达未来发展的深刻认识，毛二可在通信等热门专业的冲击下，仍然坚持雷达领域的研究，没有动摇过。这样的信念与毛二可的研究结合在一起，推动团队走在雷达创新的前沿。

学生刘峰说：

毛院士每年还会自己指导两名博士生，做一些自己感兴趣的更前沿的科研工作。从理论做到实践，做一些实践性的雷达系统，来验证他的一些想法。这些想法都是他五六年前验证过的，现在在一些实际应用还可以用得上。这些想法要做完，可能还需要几年，甚至更长时间，他所能看到的点，至少是能超出当时 10 年的东西，这就是大师能做到的，大师能比普通人做出更远、更超前的东西。

可以说，毛二可在信念上坚持雷达的研究不改变，在观念上具有战略的目光，能够对雷达的发展做出合理的预见并付诸行动。面对雷达技术的难题，他从容应对，正像他所说的："如果一个科学家对他从事的专业没有

---

① 毛二可访谈，2018 年 10 月 26 日，北京。资料存于采集工程数据库。

兴趣，很难出成果。"①

已经步入耄耋之年的毛二可，至今仍奋斗在雷达科研战线的第一线。

其实，随着毛二可年龄的增加，有一些好心人曾劝他：奋斗这么多年，该休息休息了。可他却说："在家里无事可做时，我会感到浑身不自在，一回到实验室，立刻觉得通体舒服。"

> 年纪大不要紧，重要的是我还能在这岗位上发挥一定的作用。过去我有好的想法，但没有足够的科研经费。现在，院士的身份能为年轻人创造比较好的科研条件，过去的想法也能给他们一些启发。我做一些力所能及的工作，还能解决他们的后顾之忧。
>
> 现在正是科研攻关的好时候。比起当年搞研究时简陋的硬件基础和频受干扰的环境，如今的条件太好了。
>
> 这是我一生里头最满意的时候，国家处于发展的好时期，搞科研的设备、技术、人才、资金支持都很充沛。我很希望抓住有限的时间再出一些成果，也期盼年轻一代能艰苦奋斗，艰苦创业，在学术创新上有更多更大的成就！②

工作的激情使他精神焕发，正如他自己所说，"生命对每一个人只有一次，只有为人民谋幸福的事业才是有意义的，才没有虚度年华。"

毛二可特别重视实地调研，了解一线需求。

中国人民解放军空军在全国范围内聘请了 20 位院士做科技与人才培养顾问，毛二可就是其中之一。当上空军的顾问后，毛二可经常到空军部队实地调查研究，到一些雷达部队中去了解官兵的思想情况，以及使用雷达兵器时的体会，从中掌握基层官兵对雷达操作中的需求。他多次参加雷达专业方面的成果评审会、产品鉴定会等，听取领导的意见以及大家对未来战争中雷达的需求，使他受到不少启发。例如，过去雷达所在研制产品

---

① 郝秀青：凝聚在雷达上的信念——记中国工程院院士、北京理工大学教授毛二可。《国防科技工业》，2006 年第 7 期，第 45-49 页。

② 毛二可访谈，2018 年 10 月 26 日，北京。资料存于采集工程数据库。

时对雷达的机动性考虑不够，通过深入空军，感受到机动性是未来战争中雷达部队生存的重要手段，促使他在以后的科研中想办法解决这些问题。

总的来说，毛二可的雷达科研道路，一路走来可谓是对研究充满兴趣，并且付诸实践。兴趣与实践的共同作用下，在一定程度上构成了有原创性贡献的科学家的"天赋"。在个人经历积累的基础上，无论自己是否愿意，每个科学家都必定以自己的方式与以往的学术思想发生联系，或者是接受它，或是抵御它，通常的情况是两者兼而有之。任何原创性的思想都是继承与发展的辩证统一。[①]

毛二可曾有过总结："每一个人都各有长处、短处，兴趣、爱好也不尽相同。我从小就喜欢电，后来由兴趣演化为终身的职业。我的强项就是擅长思考、研究、解决科技方面的问题，而在其他领域，如人际关系、行政管理等方面就不行。若非要我搞我不喜欢、不擅长的工作，很可能就达不到我现在的状态。"

他希望通过自己的成长案例，唤起教育工作者对培养学生兴趣的重视。毛二可建议全社会，尤其是教育工作者，能及早发现表现在孩子们身上的兴趣、特长，并有意识地加以启发、引导、培养，不断地挖掘其潜能，激发孩子们学习的趣味性、自觉性、主动性，让他们的优势方面得到充分发挥，这样孩子们将来成材的概率就会大大提高。当然，树立为祖国为人类多作贡献的信念是个大前提，而在这个大前提下，能够从事自己喜欢的专业，工作的动力会更足，对国家、对社会的贡献也会更大。

自主创新之路

毛二可在他一生的雷达科研中，都在践行"创新"二字："我们在科研创新方面做得不错，获得了不少奖励。真正要提高雷达技术水平，最

---

① 吴海江：科学原创与科学积累。《自然辩证法研究》，2002 年第 18 期，第 5 页。

图9-1　20世纪80年代中期，毛二可查完资料后匆匆离开图书馆

终还要靠实力，更需要靠创新，要提出具体的发展思路"①。毛二可的创新，是以实事求是的科学精神，立足国防和国家建设需求，结合自己团队的实际情况及优势的前提下，深入研究和思考已有技术及原理，在此基础上进行理论和实践技术创新，从而创造出既符合实际需求，又有自主创新能力的"奇迹"，是一条超越模仿，从跟踪研究到自主创新的特色之路。

一方面，他重视理论学习，不断跟随科技发展学习研究新理论；另一方面，他注重应用理论来解决有关雷达的实际问题。②同事们说，毛二可是搞雷达专业研究的，而他自己就像一套灵敏的雷达系统，不停地扫描、搜索着国际最新雷达研究动态，熔石英、CCD、DSP、宽带雷达等多个创新性科研，都离不开他始终密切追踪科技发展，以广阔的视角和敏锐的洞

①　黄蔚，陶琳：从跟踪研究到自主创新——记北京理工大学毛二可院士。《中国教育报》，2006年1月6日。

②　贺亚兰，许欣：徜徉天地"视"通万里——记中国工程院院士、雷达专家毛二可教授及其创新团队。《北京教育》，2006年第4期，第56—59页。

察力做出准确判断，始终走在自主创新的科技前沿。

对于跟踪研究和自主创新的关系，毛二可曾说：

> 我觉得创新来源于对某项事物的深刻了解，概念非常清楚，又掌握一些新的知识，我们就可以提出新的东西，思考必须深入，应用到我们国内应该解决的问题中。出发点是：不能像国外，有样新东西，我们就追它，以后再有什么新东西，再追一下。你得了解我们国家的实际情况，你思考的深才能解决问题。高等院校不能只开发新的技术，还要将新技术应用到解决我们国内急需要解决的问题中去，这两样结合在一起才行。

> ……

> 创新研究要根据实际需求和自己的实际情况来布局。以前，我国在雷达研究方面较多是做跟踪研究，就是美国有什么、发达国家有什么，我们做什么。而现在，高等学校中的研究所要想在国内环境中站住脚，就要发挥自己的优势。和校外一些研究所相比，高校的人力、物力都无法相提并论。北京理工大学雷达研究所总共的师生总共才二三百人，不可能他们干什么我们也干什么。但是那些研究所不如高校灵活，所以高校可以根据国家新的需求，提出一些新的思路，还应该把目光放长远一点，走自己的路子，才能创造奇迹。

美国著名科学史家乔治·萨顿在《科学的历史》一书，将需求称为"技术（发明）之母"。这一点深刻体现在雷达等国防领域的创新中，作为发展中国家，我国为了维护国防安全，追赶发达国家，不断对军工技术提出新要求。毛二可及其团队一直紧密响应国家需要，依靠我国现有条件，通过前期调研，找出研究相同问题的类似的解决方法，再推导公式、做仿真、做实验，找出一条达到目标的最优的方法。从而在此基础上，不断开拓出新的研究领域，创建新的技术创新点。例如，在导航的研究中，将信号处理算法进行优化，以满足系统低功耗的需求，完成了技术创新。毛二可及其团队的理论创新主要是以技术为先导，核心就是

图 9-2 1996 年 6 月，毛二可（前排左八）参加在长沙召开的 ATR 国防科技重点实验室专家评估会议

在各种攻防需求的情况下，找出解决问题的办法，这是一个以实用性、应用性和做出实物为导向的局部理论创新。反过来，产生的新理论又会为技术服务，经过验证还可以应用到其他同类问题。比如，在 921 交会对接雷达的研究过程中，针对飞机飞行中给雷达带来的震动问题，不但要在技术上寻求解决消除震动的方法，还产生了解决这个问题的新的理论，而且该理论还可以推广至其他类似的领域。

图 9-3 毛二可自学数字技术理论知识

　　他总是立足于需求来分析未来的发展趋势，因而能够敏锐的预判，提出有重大价值的想法。2005 年，在国内某个行业关于发展前景的研讨会上，毛二可提出了要重视抗干扰问题，在解决技术问题的同时要强调对复杂战

场环境的适应性问题等面向技术发展和未来战场环境变化的思考。2015 年前后，毛二可提出的这些问题才真正引起行业内的高度重视，而他提前 10 年就做了准备和布局。①

离开领导岗位后，毛二可更加专注于雷达前沿技术的研究，提出了合成宽带高分辨雷达、全时空雷达、相控阵雷达、矢量脱靶量测量系统、分布式相参雷达、高速实时信号处理等新体制雷达的研制方向。经过北京理工大学雷达研究所创新团队的研发，新体制雷达已经取得了成效，部分已经应用在我国的国防建设中。在出国交流时，团队人员发现自己开展的新体制雷达研发和国外的雷达前沿技术问题不谋而合，说明在雷达技术的研究上，我国与发达国家的差距正在缩小。

"毛院士带领我们从事的技术创新，其创新源并非来自书本或外文资料，更不是亦步亦趋地追随国外的技术路线，而是一种来自实践的创新精神。他总是从我国国防建设的亟待需求中，特别是从部队对雷达新技术的迫切期待中，敏锐地找到创新点，长期坚持不懈地进行科研攻关，并且重在积累。"博士生们深有感触地说。②

对于创新培养，毛二可认为：

> 对学生的培养，要根据实际做实验、解决问题，一个大原则就是理论和实际要结合，这样才能一步一步提高学生的科研水平。国外的文章，理论层出不穷，不能盲目跟风。我们要有自己实实在在的东西。跟风去做，不是从我们自己的需求出发，咱们跟着人家跑，最后不能形成真正的应用。③

---

① 吴嗣亮访谈，2017 年 9 月 15 日，北京。资料存于采集工程数据库。

② 李凝：自主研发新体制雷达的创新团队——记北京理工大学毛二可院士及率领的创新团队。《科技日报》，2006 年 1 月 26 日。

③ 毛二可访谈，2018 年 10 月 26 日，北京。存地同①。

产学研用思想

"让更多科研成果转化为产品，为国家服务，一直是我的心愿。"毛二可认为，国家对高校的发展要求，就是培养创新人才、开展基础研究、承担重大科研项目、提高国内外学术声望。所以，目前高等学校考评体系以人才培养、基础研究、国际化为主。毛二可和他的雷达团队长期搞雷达和信号研究，对于如何将高校科研成果转化为产品，他有一套见解。

一方面，科研成果的转化是"集团作战"，人力物力配备要齐全。国防军工高校在行业里有比较强的技术研发能力。而这些方面需要投入较多人力、物力，要求人员配备层次齐全，既要有高层次的教师、教授，还要有工人、管理实验室的辅助人员等。如果团队配备跟不上，光凭几个高水平的老师，是不能给国家做出能够真正应用的成果的。

另一方面，加强基础研究破解高校用人难题。在目前高校现有的考评体制下，人员引进有很大困难。想要在保持系统研发优势上，强化基础研究，保持系统研发优势，就必须破解高校现有人事制度和人力资源瓶颈。

毛二可不无感慨——经历下海创业，成立学科性公司以后，他找到了一条科研成果转化之路。通过理工雷科公司，产业链条上的各层次人员得以保证，同时释放了学校人力资源，也加强了基础研究的能力，使高校教师特别是新进教师，从技术、系统研发转向基础研究，并初步实现了人才培养国际化，促进了科技成果转化，为国家经济转型、经济发展作出了贡献，形成了人才培养、基础研究、技术研发和产业发展的全链条闭环。

图9-4　毛二可带领学生们实地学习雷达知识

第十章
幸福家庭

志 同 道 合

2015 年 10 月 20 日，"今世有缘，相伴永远" 2015 文化老人金婚庆典在北京举行，毛二可携夫人熊如眉参加活动。毛二可不无感慨地对熊如眉说："老伴儿，我的荣誉勋章里有你的一半。" 50 多年来，熊如眉一直默默地站在毛二可的身后，两人都是雷达方面的专家，他们在实验室相识，可谓志同道合。

熊如眉出生于江苏南京，父亲在南京邮电局工作，家里有两个姐姐。熊如眉刚出生后不久，抗日战争爆发了，父亲带着一家人随单位从南京到了重庆。这一待就是七八年，在重庆，熊如眉度过了童年时光。她在重庆歇台子小学一直读到三年级，9 岁随父母回到南京。因为父亲工作的原因，熊如眉在南京辗转多个学校，先后在南京的夫子庙小学、下关小学、逸仙桥小学就读。

1950 年，从逸仙桥小学毕业以后，熊如眉进入南京市二女中初中部上学。1953 年，熊如眉初中毕业，被保送到华东第一工业学校（现南京信息职业技术学院）学习无线电知识。

1956 年，北京工业学院从华东第一工业学校的应届毕业生中招聘了十几个人，其中就有熊如眉。同年 9 月，毛二可本科毕业留校工作。就这样，熊如眉和毛二可一起被分到了雷达场，成了同事。

图 10-1　1961 年春，毛二可和熊如眉在北京碧云寺

学校教研室主任和老师对熊如眉这批新来的年轻人寄予厚望，希望他们提升学历，鼓励他们读学校的"夜大"，并安排老师帮助补习功课。在同事们的鼓励和帮助下，熊如眉成功考取"夜大"。刚到北京的熊如眉住在原中法大学东皇城根校区，后来分配至雷达场工作，与毛二可在工作上的接触机会更多了。熊如眉碰到不懂的问题就请教毛二可，他总是热心地解答，两个人的关系也逐渐密切起来。

1958 年，熊如眉做了一个手术，毛二可跑前跑后，经常到医院去照顾她。从那以后，两个人的心越来越近，关系从普通同事更进了一层。然而，当时有人劝熊如眉跟毛二可交往要慎重，因为那时候毛二可的家庭出现变故，在工作中遇到很多限制。这些情况熊如眉心里都清楚，但她认准了毛二可的人品好，其他问题都不在乎。于是，她成功说服父母同意了这门亲事。

1962 年春节前，两人在相识 6 年后终于走入了婚姻的殿堂，开始了几十年的相濡以沫。两人的结合非常简单，婚房在学校二号宿舍楼一间 12 平方米的房间，一住就是好几年。

婚后，两人的生活艰苦而曲折。1966 年"文化大革命"期间，大儿子熊宇红出生。不久，二号宿舍楼被造反派强占用作办公室，毛二可一家被赶到学校的幼儿园居住，混乱中，一家人只带了随身的一些换洗衣物。1967 年，动乱平息后他们才得以回到原来的家里，发现家里什么东西都没

图 10-2　1962 年夏，毛二可和熊如眉

有了，连两人的结婚证都找不到了。后来，毛二可一家人又先后搬到三号楼和四号楼居住，辗转腾挪多次，然而居住的都是仅有 12 平方米的宿舍。

除了社会的动荡和生活的困难，毛二可夫妇还要担负照顾父母和妹妹的责任。"文化大革命"期间，毛二可的母亲重病卧床生活无法自理，妹妹毛四可受到刺激精神失常，常年跟毛二可一家生活在一起。后来，毛二可的父亲也来到北京，夫妇俩也是一起悉心照顾。

为了雷达事业，毛二可几乎每天都在实验室工作，忙得顾不上多问候一句近在咫尺的妻子。熊如眉常常是一灯一人，等他到夜深。其实，每到这个时候，熊如眉心里是很记挂丈夫的，但她也是科技工作者，这份记挂化成了理解。"他太忙了，所以我就家务一肩挑"，总结两人大半辈子的婚姻生活，熊如眉只是这样平平淡淡地说道。

图 10-3　2011 年 11 月，毛二可携夫人熊如眉参加北京理工大学举办的金婚庆典

虽然工作非常忙，毛二可总是抽时间尽量多做些家务，减轻妻子的负担。他承担了家里洗衣服的家务，以前没有洗衣机，就拿着搓衣板和洗衣盆在楼道的公共卫生间搓洗衣服。

毛二可一家住在学校宿舍的筒子楼长达 20 多年，宿舍楼里 4 户人家合用一间小厨房。家里换煤气罐的任务也由毛二可承担，煤

图 10-4　1973 年 8 月，毛二可全家和岳父在天安门广场

气罐用尽了，毛二可就骑着自行车去换。煤气罐很重，毛二可就在自行车后面装了一个架子，钩在车的一侧用来放置煤气罐，装着煤气罐的自行车骑起来歪歪斜斜。等到大儿子熊宇红长大一点，学会了骑自行车，换煤气的工作就移交给了儿子。

生活的重担并没有压倒毛二可和熊如眉，夫妻俩乐观对待，相互扶持，日子过得有滋有味。20 世纪 80 年代，电视机在国内还是个十分稀罕的物件，宇红和宇星经常吃过晚饭搬着小板凳去邻居家看电视。看到儿子们对电视的喜爱，毛二可决定自己动手组装一台电视机。他从邻居家借来电视的说明书，仔细研究电路图，再参考一些其他材料。掌握了原理后，根据现有的条件，毛二可自己跑到元器件工厂购买材料，然后重新设计，自己焊接组装。最后，制作出了一台 9 寸的黑白电视机，并且能够收看节目。这台手工电视机比较简陋，外面是木头框，正面是一个小小的显示器，右边是调节音量和频道的旋钮，电视背面是裸露的电路。尽管如此，孩子们还是十分开心，觉得有这样一个厉害的爸爸很"酷"。

对孩子的教育

毛二可和熊如眉育有两个儿子。1966 年，大儿子熊宇红出生，夫妇俩工作忙没时间照看，就请邻居白天帮忙照顾，晚上再接回来。一岁半的时候，宇红就上了托儿所。1970 年，二儿子毛宇星出生，孩子的奶奶帮忙照看了一段时间后，也送了幼儿园。小时候，宇星不愿意去幼儿园，只有爸爸送才能去。每天早上，毛二可就一手抱着小儿子，一手扶着自行车，把他送到幼儿园再到实验室上班。尽管工作繁忙，毛二可夫妇对孩子们的教育完全没有放松，他们利用一切空闲时间关注孩子们的学习情况，周末抽时间带他们到公园玩耍。

毛二可从小受到父亲毛韶卿的自由教育方式，对于自己孩子的教育问题，毛二可说："要想教育好孩子，就要让他们有自己充分发挥的空间。因此，只要不是不好的东西，我个人觉得可以宽容一点，给孩子创造良好的学习条件，我从没有打骂过孩子。"

毛二可认为，培养下一代的方式主要是陪伴和支持，对于孩子的想法，他大都持开放支持的态度。毛二可的两个儿子都是研究生，他们的上学、工作选择基本上都是自己做决定。后来大儿子自己创业，父亲毛二可也没有干涉。对于孩子的爱好，毛二可也是给予全力支持。20 世纪 80 年代流行 Lambda 8300 计算机，儿子熊宇红十分喜欢。有一天，毛二可抱回了一台计算机，熊宇红惊呆了，当时家里的经济条件并不富裕，这台计算机毛二可用了自己三个月的工资。受到父亲的影响，熊宇红逐渐喜欢上了无线电，从清华大学毕业后，到美国读博士，主攻数字信号处理和系统设计方向。

对于孩子的教育，毛二可更多的是言传身教，潜移默化地影响他们。多年来，毛二可无论身处什么样的境地，对生活从来没有抱怨，而且泰然处之，积极努力地做好自己的工作。这一点十分重要，营造了一个乐观和谐的家庭氛围，无形中培养了孩子们积极豁达的心态。

从小到大，一直到现在，我可以非常肯定地说，我从来没有听到我爸主动报怨过什么事，从来没有过。人的一生肯定会有各种各样不顺心的事，但是我爸他从来不会把这些事情和情绪，很明显地带到家里来。很多事情他特别看得开，工作和生活当中他只抓住最重要的事情，集中精力干好。工作中，最重要的是几十年如一日去做他的雷达研究；生活中，照顾好老人的身体、孩子的学习。这些基本的事情得保证，其他的很多事情都看得开。

另外，毛二可还重视培养孩子们健康的生活方式，尤其注重体育锻炼。毛二可年轻时就喜欢运动，年纪大了每天依旧坚持锻炼，跑步、游泳、爬山、骑车，从不间断。毛二可常带动孩子们锻炼身体。熊宇红小时候身体不好，毛二可就每天清晨带他出去跑步，跑了几年后，熊宇红的身体就好一些了。

在孩子们的眼中，毛二可在科研上的探索是非常重要的事情，这是他人生的主线。他也是一个特别豁达的人，在这个主线下又能够根据情况做出一定的变通，保证家庭和事业的平衡。

老 骥 伏 枥

北京理工大学的校园内，师生们经常可以看到这样一个场景：一位白发苍苍的老人，骑着一辆老旧的自行车穿梭在校园里，无论春夏秋冬。每当看到这，总会有学生掏出手机拍下这动人的画面。

老骥伏枥，志在千里。虽然已经步入耄耋之年，毛二可还坚守在雷达研究事业的第一线。每天早晨 7 点钟，北京理工大学雷达研究所的博士生侯舒娟来到自己的办公室时，总会习惯性地看一眼对面的办公室，不出意料，毛二可教授已经开始了自己一天的工作。"毛院士总比我来得早。"雷达所的师生们已经习惯了毛二可的勤奋。在这栋北理工校园内不起眼的科

图 10-5　晚年的毛二可骑自行车在北京理工大学的校园内

研楼里，这位 80 多岁的老人在办公桌前，借助放大镜研读最新的科研材料，并随手在旁边的本子上记着什么，不时说："现在的年轻人的创新精神非常不错，很多观点对我来说也是一种学习。"除了工作，晚年的毛二可还有丰富的业余生活，他爱好弹电子琴，一有时间就锻炼身体，尤其喜欢爬山。

展望未来，毛二可充满了信心。"现在来看，学校发展得很快，不仅外观变化很大，内部的机制、人的精神面貌都有很大的变化。过去学校的房子破了，也没钱修，现在新的高楼大厦处处可见。这也说明国家重视教育确实落到了实处。"

结 语

"毛老师是个很谦逊、低调的人。""毛老师动手能力很强。""毛老师在无线电方面很厉害。""他几乎每天都在实验室。""他总是加班。""毛老师一直坚持搞雷达。"……这是我们在访谈毛二可院士的同事、学生、家人时,听到的最多的评价。

毛二可院士对国家忠诚、对工作勤奋钻研、为人谦逊和蔼,这些是他身上鲜明的特征。

毛二可说自己小时候胆子很小,也不爱说话,总是跟在大胆张扬的哥哥后面跑。在我们到重庆采访毛二可的哥哥毛大可的时候,这些话似乎也得到了印证,即便毛二可现在已经是全国知名的科学家,但在哥哥面前,做决定的依然是毛大可。很多接受采集小组访谈的人都表示,自己第一次见到毛二可时,很难相信眼前这位外表瘦小、话语轻柔、态度和蔼的大学教授就是著名的毛院士。

这种个人外在与事业成就的极大反差,起初也令我迷惑不解。

这个问题在我对毛二可的学术思想传承者、他的学生龙腾教授的采访中找到了答案。龙教授推荐我阅读《基业长青》(*Built to Last*)这本书,由美国著名管理学家詹姆斯·柯林斯和杰里·波拉斯创作。作者在斯坦福大学为期 6 年的研究项目中,选取了 18 个卓越非凡、长盛不衰的公司,研究其成功经验。作者发现,这些公司的领导人都有一个共同的特点,那就是谦虚的性格和执着的追求。而毛二可院士正是这类人的典型代表：他在学术上谦虚、开放、包容、民主，对人谦和，没有架子；但是，他对自己认准的事情很坚持，具有异于常人的韧性。这使他在科研上遇到困难的时候，仍然能够以坚定的信念走下去，最终取得一系列成就。

梳理毛二可院士的学术成长道路，我们发现，在他身上有一些特质，成为他之所以能取得如此成就的关键。

一是性格上的腼腆、内向，令他能够以谦虚友好的态度包容他人，使他对学术研究始终持非常开放的态度，能够广泛听取各方面的意见。正因为如此，他能够博采众长，拿出更适合的学术方案。这是他性格上对学术研究产生的正向作用，也是凝聚人心、吸引优秀人才的重要原因。

二是内心的执着、坚韧，令他能在困难时期耐得住寂寞，潜心研究，厚积薄发，打下了扎实的专业基础。在复杂的局面中，他能够找到正确的方向并坚持不懈，不管中途遇到怎样的困难，需要花费多久的时间。这份执着和坚韧，是他对事业始终追求的核心动力。

三是精神的纯粹和强大。从踏入无线电的神奇世界开始，到痴迷更广阔的雷达领域，毛二可用一种精神的力量，将他的科研世界与日常生活有机地连接又相互分离。在面对恶劣的环境时，他用精神世界的丰富与之对抗，坦然面对，并最终取得胜利。

四是对雷达事业的热爱。"兴趣是最好的老师"，这句话在毛二可身上得到了充分体现。外人看来枯燥艰苦的科研工作，对毛二可来说却是兴趣和享受，也使他以 80 多岁的高龄，依然奋战在科研一线。从少年时踏入无线电的神奇世界，到成年后痴迷更广阔的雷达领域，对科学研究的兴趣是促使他不断学习、不断进步的源动力。

个人的成功离不开他人的帮助，毛二可的学术成功之路也是如此。幼时起，父母重视教育，为他尽力创造良好的学习条件；老师和领导悉心培养，为他提供广阔的平台；同事们对他的信任和支持，成为他事业发展的强大助力。

感谢老科学家学术成长资料采集工程给了我们一个近距离、全方位了解毛二可院士的机会，令我们能在研究、分析这位科学家成长历程的基础上，不但了解了作为科学家的毛二可，更理解了作为普通人的毛二可。希望毛二可院士的精神能因此被更多的人了解和学习，激励和感召更多的青年科技工作者投身到为国家建设的伟大事业中！

附录一　毛二可年表

1934年

1月26日，出生于北京市，祖籍内蒙古自治区赤峰市。

1935年

父亲毛韶青被广东省立勷勤大学聘为工学院副教授和机械厂主任，全家迁到广州生活。

1937年

年初，全家随父亲迁到重庆生活。

1939年

春天，进入中央大学重庆大学附属小学学习。

1943年

受哥哥毛大可影响，开始接触无线电，并产生了兴趣。

1945年

7 月，小学毕业，考入重庆私立南开中学。

1946年

8 月，因父亲到承德任职，全家离开重庆，迁回北京居住。

9 月，作为插班生进入北平私立北方中学，读初中二年级。

1947年

2 月，转入北平市立第四中学校读初中二年级。

1949年

2 月，重回重庆私立南开中学，读高中一年级，加入学校业余无线电协会。

1951年

7 月，毕业于重庆私立南开中学。

9 月，考入华北大学工学院电机制造专业。

1952年

1 月，华北大学工学院更名为北京工业学院。

6 月 15 日，加入中国共产主义青年团，介绍人是同学黄蓝华。

1953年

秋季，所在班级转到新组建的雷达系雷达设计与制造专业，是国内地方院校开始雷达专业第一班。

1954年

在苏联专家指导下，参与雷达专业实验室的建设。

3—10 月，北京工业学院先后组建机械工程系一系（武器系）、机械工程二系（弹药系）、机械工程三系（坦克系）、仪器制造系（光学仪器、雷达系）、化学工程系（火炸药系）。

1956年

在苏联专家的指导下，完成毕业设计——研究设计电视实验发射系统，负责其中的同步系统设计。这是中国第一个电视实验发射中心的研究设计，学校还成功申请了我国第一个电视频道。

被评为北京市"三好学生"。

8月，雷达专业毕业。在李宜今系主任和俞宝传教授的支持下，留校任教，被分配在雷达实验室工作。

9月，雷达系从仪器制造系分离出来，成立无线电工程系，先后建立雷达技术、雷达结构设计与工艺、无线电遥控、无线电遥测、电真空5个专业。

1957年

承担巴沟新校区雷达实验室的主要设计和建设工作。

北京工业学院校长魏思文向国防部长彭德怀提交报告，申请新式雷达作为雷达专业培养学生用。报告获得彭德怀同意，批准了三部从苏联进口的大型现役装备雷达 π-20 雷达、COH-4 雷达和 COH-9 雷达。承担 406 雷达、COH-4 雷达架设和调试任务。

1958年

参加北京工业学院"戊区"雷达实验实建设。

开始讲授雷达课程，编写教材《雷达站操作实习指导》。

1959年

参加"雷达图像远距离传输设备研制"科研项目。

参与"磁致伸缩延时动目标显示系统"课题研究，完成研究报告《磁致伸缩超声波延时线及其在动目标显示雷达中的应用》。

1961年

8月，升为讲师。讲授雷达站、雷达原理、晶体管电路、雷达系统和动目标显示等课程。

参与编写教材《雷达站》，负责其中"雷达图像传输"和"中频相参或相参积累脉冲雷达方案"部分。被纳入全国统编教材，被全国大部分雷达专业使用。

1962年

与熊如眉结婚。

参加利用具有反馈电路的延时系统的雷达近似匹配滤波器的研究。

指导研究生一名，论文题目为"具有反馈电路的延时系统研究"。

1963年

1月，在《电子学报》发表论文《利用具有反馈电路的延时线系统构成雷达近似匹配滤波器的研究》。

1964年

1月30日，北京工业学院成立雷达技术研究室，参与筹备工作。

分析研究中频相参积累雷达方案，开始研制脉冲压缩过滤设备。

参加第一届全国雷达专业学术会议，发表论文《雷达接收信号理想加工方法综述》。

秋，随学校"四清工作队"到山东曲阜农村参加"四清"工作，第二年春节后返回北京。

1965年

6—11 月，与南京 14 所相控阵雷达课题组研究人员共同开展中国第一部 7010 大型战略预警相控阵雷达的设计论证工作。

开始"相控实验雷达波束控制机"研制。

与黄辉宁、朱华、韩月秋在《电子学报》发表论文《用延时线综合压缩滤波器》。

指导硕士研究生一名，论文题目为《相控雷达波控机的研制》。

1968年

成功研制高频相位计，加强了我国防空预警系统的测试能力，推动了我国第一个相控阵预警雷达的顺利研制。

1969年

恢复正常工作，在第二届全国雷达专业学术年会上发表论文《中频相参式相参积累雷达方案的研究》。

指导硕士研究生两名，论文题目为《雷达信号处理（CCD 积累器及 CCD 递归滤波器特性的研究）》。

1970年

9 月，参与"小 860 雷达"动目标显示系统课题研究。

1971年

无线电工程系更名为电子工程系（校内称为五系），设立雷达、微波与天线、半导体器件与物理 3 个专业。

1972年

开展雷达反无源干扰的应用研究，领导课题组坚持奋战多年，应用熔石英延时线技术，系统地解决了多个动目标显示技术问题，雷达动目标显示和检测技术研制成功，应用于多种雷达上，取得了系列化成果。

1975年

带领课题组成功攻克"小860雷达"动目标显示系统的研制，是我国首次自主研制成功的十公分波段动显系统，也是首次在炮瞄雷达上加装成功的动目标显示系统。

1977年

10月，被评为北京市科学技术先进工作者。

参加全军电子对空干扰对抗演习，在实战环境中检验"小860雷达"动目标显示系统并获得成功，成为我国动目标显示技术的里程碑事件。

1978年

"小860雷达"改进项目和"新型十公分稳定振荡器"获全国科学大会奖。

1980年

升为副教授。

开始将CCD应用于雷达动目标显示系统的研究。解决了包括微波频率稳定度等难题，成功将CCD应用于延时线进行模数混合信号处理，与模拟技术和纯数字技术相比，既降低了成本，又实现了灵活可靠的延时和多路滤波。将CCD用于雷达信号处理为世界首创。

向中国人民解放军总参谋部电子对抗与雷达部申请到一部403雷达，用于动目标显示系统动目标信号处理课题研究，建成高端雷达实验室。

10月14日，"米波雷达动目标显示的CCD对消器及定相技术"获得国家发明专利。

1981年

10月，与韩月秋赴意大利参加数字信号处理会议，在会上宣读研究论文。

"用 CCD 做对消器的微波雷达动目标显示系统"获国防工业办公室重大技术改进奖二等奖。

1983年

5 月，被评为学校信号处理专业教授，担任雷达技术研究室主任。

1984年

4 月，被评为国家有突出贡献的中青年专家。

5 月 7 日，获得"1983 年度教育系统先进工作者"称号。

5 月 18 日，"三公分窄脉冲雷达动目标显示系统"获国防科工委重大科技成果奖四等奖。该项成果应用于机载多普勒雷达，被鉴定为达到国际先进水平。

6 月 23 日，加入中国共产党，介绍人韩月秋、费元春。距离递交入党申请书已过去 31 年。

1985年

1 月，被聘为《信号处理》编委会委员。

1 月，"多普勒信号处理器和霍达信号模拟器"获国防科工委重大科技成果奖四等奖。

2 月，被评为 1984 年度北京市劳动模范。

12 月，"模数混合动目标检测处理机"获国家发明专利，是我国的第一批国防专利。

将 DSP 芯片用于雷达信号处理，此后 DSP 器件取代 CCD 成为雷达信号处理的首选。

1986年

雷达技术研究室获"北京市精神文明先进集体"称号，老中青三代人的科研团队逐渐形成。

7 月，成为博士生指导教师。

1月，动目标显示系统系列成果获得多个国家级奖项。"十公分微波晶体管压控振荡器"获国家技术发明奖三等奖，第二发明人；"高稳定本振源"获国家技术发明奖三等奖，第三发明人；"电荷耦合用快慢钟"获国家发明奖四等奖，第三发明人。

4月，加入北京发明协会。

5月，担任国防科工委精确制导技术专业组副组长，开始参与精确制导方向国家级重大科研课题研究。

12月，"模数混合动目标检测处理机"获国家技术发明奖二等奖，是当年军用电子学领域的国家级最高奖。

1988年

3月，被评为北京电子学会1987年度先进工作者。

"七波段高稳定微波频率合成器"及"微波场效应管压控振荡器"获北京国际发明博览会金奖。

10月，赴日本参加高校学术交流24天。

11月，担任北京理工大学首届技术职务聘任工作委员会委员。

12月，"X波段高稳定本振源"获机械电子工业部颁发的三等奖，获得北京理工大学科技进步奖一等奖。

1989年

4月，获得1988年度"北京市劳动模范"称号。

9月，获得"全国先进工作者"称号。

9月28日—10月2日，参加在北京人民大会堂举行的全国劳动模范和先进工作者表彰大会。

研究成果被收入《中国国防科技》。

12月，"导弹俯视跟踪导引头中频接收及其信号处理装置"获机械电子工业部颁发的三等奖。

1990年

12 月 22 日，获国家教育委员会、国家科学技术委员会颁发的"全国高等学校先进科技工作者"称号，雷达技术研究室被评为全国高校科技工作先进集体。

1991年

7 月，担任国防科工委兼职委员和精确制导技术专业组副组长。

7 月，开始享受国务院特殊津贴。

7 月 21 日，参加 373 雷达优选会议。

被评为北京理工大学"优秀共产党员"。

10 月，被评为中国兵器工业总公司"兵器工业劳动模范"。

11 月，获光华工程科技奖特等奖。

1992年

1 月，担任北京市人民政府第五届专家顾问团顾问。

5 月，担任中国兵器科学研究院第二届兵器制导技术预研专业组成员。

9 月，担任中国电子学会第四届信号处理学会委员。

10 月，担任北京理工大学第四届学术委员会委员。

独立自主地提出采用复杂天线和数据拟合处理的脱靶量测量系统——矢量脱靶量测量系统。

1993年

3 月，担任中国人民政治协商会议北京市第八届委员会委员。

8 月，担任北京电子学会理事、雷达专业委员会主任委员。

10 月 12 日，在北京理工大学雷达技术研究室基础上成立雷达技术研究所。

11 月，"毫米波半主动导引头中频接收及信号处理器"获 1993 年度北京理工大学科技进步一等奖。

12 月 6 日，参加 517A 雷达鉴定会。

1月，担任北京市人民政第六届专家顾问团顾问。

11月14—18日，赴美国参加CONIDEX电子产品展览会和世界信息科技展。

12月，担任光华科技基金会评审委员会委员。

雷达技术研究所党支部荣获北京高校"先进党支部标兵"称号。

"脱靶量测量系统"样机研制成型，基本实现军方立项目标。相关技术"波形分析目标跟踪处理机"获国家发明专利。这是脱靶量测量系统的第一个专利。

1月，"高速FFT及信号录取"获兵器工业总公司科技进步奖三等奖。

3月，指导的研究生学位论文《自适应MIT滤波器的研制》被评为北京理工大学优秀硕士学位论文。

5月，担任中国宇航学会无人飞行器学会第二届常务理事。

6月，当选为中国工程院院士。

"波形分析动目标跟踪处理机"获国家技术发明奖三等奖。此后，领导研制了高性能通用并行信号处理机系列产品，形成具有创新性的中国通用模块化实时高速信号处理系统。

4月，担任中国兵器工业总公司科学技术委员会顾问。

担任中国航天工业总公司"导弹控制系统仿真国防科技重点实验室"学术委员会委员。

6月，参加在长沙召开的ATR国防科技重点实验室专家评估会议。

8月，担任兵器工业部高炮技术开发中心"4管25毫米自行高炮单炮搜索雷达"技术评审专家。

10月，被评为国防科学技术工业委员会先进个人。

担任中国老教授协会特聘教授，《兵工学报》第三届编委会编委，重庆大学名誉教授《电子学报》编委会常务委员。

获北京理工大学研究生培养优秀奖集体一等奖。

1997年

3月，担任国防科工委科学技术委员会兼职委员。

4月，担任中国兵工学会第五届理事会理事。

担任中国电子学会信号处理分会和中国仪器仪表信号处理分会第五届学术委员会委员。

6月，担任中国兵器工业总公司"中国兵工人才奖励基金"评选委员会委员。

担任电子工业部"211工程"可行性研究报告论证专家。

1998年

1月，担任中国航天工业总公司第二研究院第二总体设计部技术顾问。

4月，担任东南大学毫米波国家重点实验室学术委员会委员。

9月，成为北京理工大学首席专家。

11月28—29日，参加704地炮侦校雷达技术鉴定会和706低空目标指示雷达技术鉴定会。

1999年

1月，担任总装部科学技术委员会兼职委员。

4月26日，参加1999年国防科技工业工作会议。担任国防科工委国防科学技术工业委员会委员（军用电子专业组），国防科工委专家咨询委员会委员。

9月，担任总装部精确制导技术专业组顾问。

参加中国人民解放军917会议，参加双35毫米牵引高炮系统设计定型工作会议。

《一种MTD雷达ASIC芯片设计》《随机序列分形维数的研究》获北京理工大学年度优秀论文一等奖。

被评为"北京理工大学校师德标兵"。

12月，担任中国航空学会信号与信息处理专业分会专业分会顾问。

2000年

历经8年，完成矢量脱靶量测量系统定型，取得了高精度的测量效果。

3月，担任中国人民解放军空军空军科技发展和人才建设顾问。

4月，担任北京市科学技术进步奖第八届评审委员会委员。

7月，担任中国科学院"微波成像技术国防科技重点实验室"学术委员会副主任。

9月，获得北京理工大学学科建设优秀奖集体一等奖。

10月，担任中国航天工业总公司第二研究院第二总体设计部技术顾问。

12月，担任中国人民解放军总参谋部第四部咨询专家。

2001年

1月，担任中国航天机电集团第二研究院第二总体设计部技术顾问。

1月14日，参加总装精确制导技术专业组工作会。

担任中国人民解放军总参谋部军事科学技术研究委员会顾问，《电子学报》第七届编委会委员。

5月，担任北京理工大学校"211工程"重点学科建设项目"兵器制导系统技术"验收组专家。

6月，担任《北京理工大学学报》第五届编委会委员。

7月23—26日，出席"十五"863计划军口专家评选答辩会。

10月，"八毫米主动寻的信息处理技术"获中国兵器工业集团公司科学技术奖二等奖。

10月25日，获得何梁何利基金2001年度技术科学奖。

12月，"八毫米主动寻的信息处理技术"获国防科工委国防科学技术奖二等奖。

2002年

3 月，担任总装部科学技术委员会兼职委员。

4 月，担任中国人民解放军海军实验基地第一届特聘专家。

总装备部为表彰毛二可在担任"九五"精确制导技术专业组专家期间为我国精确制导技术的发展所做出的突出贡献，特颁发专家表彰荣誉证书。

8 月，担任中国兵工学会《兵工学报》第四届编委会委员。

担任国家安全重大基础研究项目"雷达自动目标识别新机理新方法研究"项目组专家。

9 月，担任国家高技术 863-805 重大专项可见光导引头专题专家组成员。

10 月，担任《电波科学学报》聘为编委会顾问，担任中国电子学会第六届信号处理学会分会委员。

12 月，荣获北京理工大学"学科建设集体一等奖"。

12 月 25 日，参加 H/PJ12 型近程反导舰炮武器系统设计定型审查会。

12 月 28—29 日，赴甘肃酒泉卫星发射中心指导长征二号 F 火箭载人航天工程发射任务。

2003年

2 月，担任国防科学技术工业委员会第二届专家咨询委员会委员。

担任中国航天科工集团第二研究院第二总体设计部技术顾问。

9 月，担任中国人民解放军空军科技发展和人才建设顾问。

11 月，担任中国兵工学会聘为第六届理事会理事。

2004年

1 月，担任中国航天机电集团第二研究院第二总体设计部技术顾问。

2 月，担任《空军工程大学学报》（自然科学版）特约编委。

3 月，担任中国人民解放军军械工程学院兼职教授。

参加军队院校"百名院士讲坛活动"。

10 月，担任总装精确制导技术专业组顾问。

12 月，被评为北京理工大学人才队伍建设先进个人，获得北京理工大学"研究生指导教师名师奖"。

2005年

2 月，担任中国科学院微波成像技术国防科技重点实验室学术委员会副主任。

3 月，担任国防科学技术大学精确制导自动目标识别国防科技重点实验室学术委员会副主任。

"八毫米主动寻的信息处理技术"获得北京理工大学优秀科技成果奖特等奖。

10 月，担任导弹控制系统仿真国防科技重点实验室学术委员会委员。

12 月，担任中国电子学会《电子学报》第八届编委会委员。

第四代通用处理机研制成功。从第一代开始到第四代研制成功，前后共历经 10 载，是具有完全自主知识产权的通用信息处理机货架产品。应用于雷达、航天遥感、卫星导航等多个领域，形成了一种我军装备信息化的基础计算平台。

2006年

3 月，担任《北京理工大学学报（自然科学中、英文版）》第六届编委会委员。

4 月，"雷达导引头高速处理和数据传输芯片"获得北京理工大学优秀科技成果奖一等奖。

6 月，获"全国优秀共产党员"和"北京市优秀共产党员"称号，领导的科技团队被授予"国防科技工业优秀科技创新团队"称号。

6 月，中共北京市委教育工委发布《关于向毛二可同志学习的决定》的文件，国防科工委发布《表彰毛二可院士及其所领导的创新团队》的文件。27 日，"北京高校纪念建党 85 周年暨毛二可同志事迹报告会"在北京会议中心举行。

6 月 30 日，作为"全国先进基层党组织代表和全国优秀共产党员、全国优秀党务工作者"代表在北京中南海接受中央领导同志接见。

"弹载小型化实时自动目标识别技术""对空导弹矢量脱靶量技术研究"被国防科学技术预先研究精确制导技术项目管理办公室和总装备部精确制导技术专业组评为先进课题组。

入选为中国工程院主席团成员。

8 月，国家高技术 863-703 主题专家组为表彰毛二可在"十五"期间做出的特殊贡献，为其颁发荣誉证书。

11 月，担任空军科技发展和人才建设院士顾问。

2007年

雷达技术研究所获"北京市精神文明先进集体"称号。

"警 -17H 动目标显示雷达"获北京市重大科技奖二等奖。

"七波段高稳定微波频率合成器""微波场效应管压控振荡器"获北京国际发明博览会金奖。

3 月，担任总装部科学技术委员会兼职委员、军用雷达标准化技术委员会顾问。

7 月，被评为北京理工大学优秀共产党员，担任北京理工大学高级专业技术职务评审委员会委员。

8 月，担任中国兵工学会《兵工学报》第五届编委会委员、总装部聘为国家安全重大基础研究"亚毫米波精确制导的收／发机理研究"项目专家组组长。

8 月 31 日，作为"全国优秀教师"代表在中南海接受胡锦涛等中央领导接见。

9 月，担任中国人民解放军总参谋部"全军防空情报雷达专家咨询委员会"第一届专家委员。

雷达技术研究所获中华人民共和国人事部和教育部颁发的"全国教育系统先进集体"称号。

10 月，担任国家安全重大基础研究"复杂战场环境下目标敌我属性综合识别基础研究（第一阶段）"项目专家组组长。

10 月 22 日，当选为中国共产党第十七次全国代表大会代表。

11 月，担任中国人民解放军总参谋部第五十五研究所博士后科研工作站学术委员会副主任委员。

2008年

1 月，被评为"2007 年首都十大教育人物"，被评为"全国优秀中共产党员"。

任北京理工大学雷达技术研究所所长，北京电子学会副理事长。

5 月，担任遥感信息与图像分析技术国防科技重点实验室第二届学术委员会委员，担任北京理工大学第八届学术委员会委员，担任中国航天科工集团二院二十三所高级顾问。

6 月，出席中国科学院第十四次及中国工程院第九次院士大会。

9 月，与龙腾、高梅国、吴嗣亮、杨静形成的五人团队"以大平台、大团队、大项目为依托，教学与科研相结合，培养研究生的创新能力"荣获北京理工大学第十二届教育教学成果奖一等奖。

10 月，参加空军"995 一期工程"试验保障条件建设项目竣工验收审查会，参加第十届全国雷达学术年会。

2009年

1 月，被聘为国家国防科技工业局第一届科学技术委员会委员。

5 月，与龙腾、高梅国、吴嗣亮、杨静形成的五人团队"以大平台、大团队、大项目为依托，教学与科研相结合，培养研究生的创新能力"获北京市人民政府 2008 年北京市教育教学成果（高等教育）一等奖。

担任国家安全重大基础研究"复杂战场环境下目标敌我属性综合识别基础研究（第二阶段）"项目专家组组长。

11 月，担任中国兵工学会第七届理事会理事。

11 月，组建北京理工雷科电子信息技术有限公司，从事自主研发的北斗导航芯片及其终端机的产业化，这是北京理工大学依据新政策成立的第一个学科性公司。

担任中国人民解放军空军战略预警理论研究中心顾问。

2010年

1月，参加"陆航0126"会议。

5月，担任空军战略预警装备专家委员会副主任委员。

6月30日，参加"深入开展创先争优活动座谈会"。

8月23日，担任中国人民解放军总参谋部陆航部"十二五"装备预先研究咨询组专家。

9月，担任北京市教育工会教育系统劳模协会名誉会长。

10月，担任航空电子系统射频综合仿真航空科技重点实验室第一届学术委员会主任。

"一种基于VSP编程模式的雷达信号处理方法""一种基于×××的SAR实时信号处理方法"获批国家专利。

12月，担任中国科学院"微波成像技术国防科技重点实验室"第三届学术委员会主任。

2011年

1月8日，参加《战略预警体系概论》评审暨战略预警学术报告会。

5月，担任中国航天科工集团第三研究院"光电信息产业战略发展"专家咨询委员会高级顾问。

8月，担任863计划"先进防御技术"专家委员会顾问。

8月，担任"国防科学技术航天系统仿真重点实验室"学术委员会委员。

9月1日，参加中国工程科技论坛——2011国防科技工业科学发展论坛。

担任《雷达学报》第一届编委会顾问委员。

12月，担任总装部国家重大安全基础研究"基于电磁散射机理的SAR图像解译方法研究"项目专家组组长。

"雷达欺骗干扰新技术及应用"获工业和信息化部国防技术发明奖二等奖。

"虚拟单节点处理"获国家技术发明奖二等奖。

担任国防科学技术大学精确制导自动目标识别国防科技重点实验室第四届学术委员会委员。

获中国电子学会信号处理分会"中国信号处理三十年贡献奖"。

2012年

1 月，担任编总装部科学技术委员会顾问。

2 月，担任中国兵器工业集团公司特聘院士。

6 月，出席中国科学院第十六次及中国工程院第十一次院士大会。

8 月，参加首届陆战武器装备发展论坛，参加中国兵器工业集团公司院士专家座谈会。

9 月 21 日，出席《电子学报》50 周年、《CJE》20 周年编委全会。

11 月，担任第二炮兵装备研究院军队高层次科技创新人才工程特聘专家。

11 月 27 日，出席 2012 年海口论坛会议。

2013年

1 月，担任中国宇航学会无人飞行器分会专家咨询工作委员会高级顾问，担任总装备部电子信息基础部国家安全重大基础研究"机载雷达认知探测基础理论和方法"项目专家组组长，担任中国科学院电子学研究所"一三五"诊断评估专家。

4 月，担任第五届空军建设发展院士顾问。

4 月，"基于嵌入式 DSP 的星载 SAR 原始数据 ×××× 系统"获批国家专利。

5 月，担任中国人民解放军总参谋部"战略预警体系建设"专家咨询组专家。

7 月，担任中国人民解放军沈阳军区院士顾问，中国宇航学会无人飞行器分会第五届理事会高级顾问。

8 月，担任中国兵工学会《兵工学报》第六届编委会顾问。

10 月，担任中国国防科技工业联合会高级顾问。

12 月，"无线电矢量脱靶量测量技术与应用"获国家技术发明奖一等奖。该技术解决了精确打击武器矢量脱靶量大范围、高精度测量这一世界性难题，使我国矢量脱靶量测量范围和精度比国外高 10 倍以上，该技术被称为"靶场试验脱靶量测量技术的革命"。

12 月，担任《电子与信息学报》和《电子科学学刊（英文版）》第七届编委会顾问。

2014年

1 月，担任《中国测试》杂志社编委会委员。

"一种实现宽带雷达大成像窗口的 ×××× 处理方法"获国家专利。

4 月，担任西北工业大学信息融合技术教育部重点实验室学术委员会主任。

6 月，担任军队高层次科技创新人才工程学科拔尖人才培养对象的带教导师。

8 月，"一种实现宽带雷达大成像窗口的 ×××× 处理方法"获国家发明专利。

10 月 10—12 日，参加中国仪器仪表学会第十六届青年学术会议，担任北京学者计划信息与电子专家委员会委员。

11 月，担任中国兵工学会第八届理事会理事、常务理事。

2015年

"一种空间目标群中的 ××× 辅助弱目标跟踪方法"等 7 项成果获国家发明专利。

10 月 14 日，出席在杭州召开的 IET 国际雷达会议。

12 月，"毛二可院士雷达系统及实时信息处理技术创新团队"获工业和信息化部国防科技创新团队奖。

担任中国电子学会 CHINESE JOURNAL OF ELECTRONICS 编委会第六届委员会副主任委员。

担任《电子学报》编委会第十届委员会副主任委员。

2016年

1 月，获得北京理工大学"我心目中的好导师"称号。

担任航空电子系统射频综合仿真航空科技重点实验室学术委员会主任。

3 月，担任重庆三峡学院特聘教授和硕士研究生指导教师。

5 月，"地基 SAR 在时间去相关严重区域的形变监测方法"获批国家发明专利。

6 月 27 日，"北京高校纪念建党 85 周年暨毛二可同志先进事迹报告会"在北京举行。

7 月 5—8 日，担任 2015 年度何梁何利基金科学与技术奖专业评审会专家。

8 月，"一种基于子图像相干合成的地基合成孔径雷达快速成像方法"等 10 项成果获批国家发明专利。

12 月，担任国家安全重大基础研究项目"分布式机会阵雷达基础理论与应用技术研究"专家组组长。

2017年

1 月，"一种基于 Keystone 变换的地基合成孔径雷达快速成像方法"等 9 项成果获批国家发明专利。

1 月，担任为军队高层次科技创新人才工程学科拔尖人才培养对象的带教导师。

2018年

2 月，"一种基于 ISAR 图像的多散射点微动提取方法"等 4 项成果获批国家发明专利。

5 月，出席中国科协成立 60 周年百名科学家、百名基层科技工作者座谈会。

6 月，"一种基于最优线性估计的单脉冲雷达 ××× 干扰对消方法"等 3 项成果获批国家发明专利。

9 月 30 日，参加庆祝中华人民共和国成立 69 周年招待会。

10 月，担任 IET 国际雷达会议荣誉主席。

某星上处理的科研成果获国家技术发明奖二等奖。

2020年

9 月，获北京理工大学第二届"懋恂终身成就奖"。

2021年

1 月，理工雷科"一种雷达信息处理技术及应用"获国防技术发明奖特等奖。

2022年

2 月，新体制雷达与实时处理教师团队获评教育部第二批"全国高校黄大年式教师团队"。

附录二　毛二可主要论著目录

[1] 毛二可. 利用具有反馈电路的延时线系统构成雷达近似匹配滤波器的研究 [J]. 电子学报，1963（1）：20-35.

[2] 毛二可，周冬友. 脉冲锁相环设计中的一些问题 [J]. 电子测量技术，1978（Z1）：23-32.

[3] 毛二可，韩月秋，肖裔山. 电荷耦合器件动目标显示对消器 [J]. 电子学报，1980（2）：101-104.

[4] MAO E K，HAN Y Q，HU X S. A new advance in CCD canceller for MTI radar [C] //EURASIP. International Conference on Digital Signal Processing Proceedings. Florence：North-Holland Publishing Company，1981：839-850.

[5] 林钢，毛二可. COR、MTI、MTD 雷达对射频脉冲序列频率短稳的要求 [J]. 宇航计测技术，1987，31（1）：42-47.

[6] 高梅国，毛二可，韩月秋. 雷达信号处理中 TMS320 DSP 芯片的应用结构 [J]. 北京理工大学学报，1992，12（3）：95-99.

[7] LONG T，MAO E K，HAN Y Q. High range resolution performance of frequency stepped radar signal [C] //CIE International Conference on Radar，1996.

[8] FAN B K，MAO E K，HAN Y Q，et al. A real-time radar video signal

simulator［C］//International Conference on Signal Processing，1996.

［9］龙腾，毛二可，何佩琨. 调频步进雷达信号分析与处理［J］. 电子学报，1998，26（12）：84-88.

［10］龙腾，毛二可，岳彦生，等. 超高速雷达数字信号处理技术［J］. 电子学报，1999，27（12）：88-91.

［11］吴嗣亮，毛二可. 匀加速直线运动目标脱靶量测量方法［J］. 电子学报，2000，28（3）：99-100.

［12］毛二可，龙腾，刘峰. 高速实时数字信号处理硬件技术发展概述［J］. 测控技术，2004（z1）：7.

［13］REN L X，MAO E K. Study on HPRF Pulsed Doppler Stepped Frequency Radar System［C］//CIE International Conference on Radar，2006.

［14］包云霞，毛二可，何佩琨，基于一维高分辨距离像的相关测速补偿算法［J］. 北京理工大学学报，2008，28（2）：160-163.

［15］包云霞，毛二可，何佩琨，等. 高重频频率步进雷达的杂波抑制和高分辨处理［J］. 现代雷达，2009（1）：58-61.

［16］毛二可，曾涛，胡程，等. 基于地球同步轨道合成孔径雷达的双基地探测系统：概念及潜力［J］. 信号处理，2013（3）：8.

［17］HUANG C，REN L X，MAO E K. Design of a time delayed receiver local oscillator in stepped-frequency radar［C］//IET International Conference of Radar Proceedings，2009.

［18］HUANG C，REN L X，MAO E K. High-FM-linearity wideband chirp generator［J］. Journal of Beijing Institute of Technology，2011，20（4）：540-545.

［19］龙腾，毛二可，张洪纲，等. 宽频带相控阵雷达子阵数字调制新技术［J］. 现代雷达，2014，36（11）：7.

［20］毛二可，曾涛，胡程，等. 基于地球同步轨道合成孔径雷达的双基地探测系统：概念及潜力［J］. 信号处理，2013（3）：8.

参考文献

［1］《刘仙洲纪念文集》编辑小组. 刘仙洲纪念文集［M］. 北京：清华大学出版社，1990.

［2］史固华. 雪泥鸿爪九十春［M］. 台北：河中文化实业有限公司，2006.

［3］谢建亮. "中央工校"办学研究［D］. 重庆：西南大学，2013.

［4］宋葆初. 新中国高校招生50年大事记（三）［J］. 中国高校招生，2001（6）：23-25.

［5］廖叔俊，庞文弟. 北京高等教育的沿革和重大历史事件［M］. 北京：中国广播电视出版社，2006.

［6］《当代中国的兵器工业》编辑委员会. 当代中国的兵器工业［M］. 北京：当代中国出版社，2009.

［7］保婷婷. 雷达专家毛二可院士：我愿为党贡献一切［N］. 科学时报，2006-07-13.

［8］费元春. 稳定的十公分微波压控振荡器的设计［J］. 电子测量技术，1981（4）：3-8.

［9］高振明，张元亭. 电荷耦合器件（CCD）相关器及其特性分析［J］. 山东大学学报（自然科学版），1982（4）：53-64.

［10］李凝. 自主研发新体制雷达的创新团队——记北京理工大学毛二可院士及率领的创新团队［N］. 科技日报，2006-01-26.

［11］张航. 自行车上的院士毛二可：打造中国人自己的"千里眼"［N］. 北京晚报，2019-08-21.

［12］龙腾. 大师的风范　创新的团队——记北京理工大学毛二可院士及其创新团队［J］. 学位与研究生教育，2006（8）：4.

［13］王公，李英杰，岳素芳. 技术目标已知条件下的跟踪追赶——毛二可，吴嗣亮团队矢量脱靶量技术研究中的创新［J］. 科技进步与对策，2016，33（14）：5.

［14］董长青. 北京理工大学教授毛二可：七旬院士创业记［N］. 北京日报，2011-11-26.

［15］丁兆丹，刘明奇，郝晓玲. 从"院士"到"股东"［J］. 北京支部生活，2012（2）：62-63.

［16］杨舰，王公. 毛二可学术思想传承与创新［M］// 李正风. 中国科学与工程杰出人物案例研究. 北京：科学出版社，2013.

［17］蔡继乐，赵正元. "雷达院士"的三种精神——记北京理工大学教授、雷达专家毛二可［N］. 中国教育报，2006-06-28.

［18］兆丹. 二可教授的定律［J］. 北京支部生活，2006（7）：3.

［19］陆琦. 毛二可院士：让梦想成为心中不灭的火炬［N］. 中国科学报，2016-09-07.

［20］郗秀青. 凝聚在雷达上的信念——记中国工程院院士、北京理工大学教授毛二可［J］. 国防科技工业，2006（7）：5.

［21］陈雅兰，韩龙士，王金祥，等. 原始性创新的影响因素及演化机理探究［J］. 科学学研究，2003，21（4）：5.

［22］吴海江. 科学原创与科学积累［J］. 自然辩证法研究，2002，18（5）：9.

［23］贺亚兰. 延安精神　军工文化：毛二可院士及其创新团队事迹［M］. 北京：北京理工大学出版社，2007.

［24］北京理工大学党委宣传部. 徜徉天地"视"通万里——记中国工程院院士、雷达专家毛二可教授及其创新团队［J］. 北京教育（高教），2006（4）：56-59.

［25］姜德昌，聂守志，宫朴. 世界近代史人物传（下册）［M］. 长春：吉林人民出版社，1983.

［26］李家俊，张克非. 中国大学校史研究［M］. 郑州：河南大学出版社，2018.

［27］张国强. 贡桑诺尔布对赤峰地区近代化的贡献［J］. 昭乌达蒙族师专学报

（汉文哲学社会科学版），2000（5）：91-96.

［28］李丽梅，李阳生. 戊戌变法对中国现代化的启示［J］. 湖南第一师范学报，2003，3（4）：100-102.

［29］李亮. 日本侵华时期伪满洲国的战略地位及实质［J］. 赤峰学院学报：汉文哲学社会科学版，2015，36（1）：3.

老科学家学术成长资料采集工程丛书
已出版（139种）

《卷舒开合任天真：何泽慧传》　　《此生情怀寄树草：张宏达传》

《从红壤到黄土：朱显谟传》　　　《梦里麦田是金黄：庄巧生传》

《山水人生：陈梦熊传》　　　　　《大音希声：应崇福传》

《做一辈子研究生：林为干传》　　《寻找地层深处的光：田在艺传》

《剑指苍穹：陈士橹传》　　　　　《举重若重：徐光宪传》

《情系山河：张光斗传》　　　　　《魂牵心系原子梦：钱三强传》

《金霉素·牛棚·生物固氮：沈善炯传》　《往事皆烟：朱尊权传》

《胸怀大气：陶诗言传》　　　　　《智者乐水：林秉南传》

《本然化成：谢毓元传》　　　　　《远望情怀：许学彦传》

《一个共产党员的数学人生：谷超豪传》　《没有盲区的天空：王越传》

《含章可贞：秦含章传》　　　　　《行有则　知无涯：罗沛霖传》

《精业济群：彭司勋传》　　　　　《为了孩子的明天：张金哲传》

《肝胆相照：吴孟超传》　　　　　《梦想成真：张树政传》

《新青胜蓝惟所盼：陆婉珍传》　　《情系梁菽：卢良恕传》

《核动力道路上的垦荒牛：彭士禄传》　《笺草释木六十年：王文采传》

《探赜索隐　止于至善：蔡启瑞传》　《妙手生花：张涤生传》

《碧空丹心：李敏华传》　　　　　《硅芯筑梦：王守武传》

《仁术宏愿：盛志勇传》　　　　　《云卷云舒：黄士松传》

《踏遍青山矿业新：裴荣富传》　　《让核技术接地气：陈子元传》

《求索军事医学之路：程天民传》　《论文写在大地上：徐锦堂传》

《一心向学：陈清如传》　　　　　《钤记：张兴钤传》

《许身为国最难忘：陈能宽传》　　《寻找沃土：赵其国传》

《钢锁苍龙　霸贯九州：方秦汉传》

《一丝一世界：郁铭芳传》

《宏才大略　科学人生：严东生传》

《虚怀若谷：黄维垣传》

《乐在图书山水间：常印佛传》

《碧水丹心：刘建康传》

《我的气象生涯：陈学溶百岁自述》

《赤子丹心　中华之光：王大珩传》

《根深方叶茂：唐有祺传》

《大爱化作田间行：余松烈传》

《格致桃李半公卿：沈克琦传》

《躬行出真知：王守觉传》

《草原之子：李博传》

《我的教育人生：申泮文百岁自述》

《阡陌舞者：曾德超传》

《妙手握奇珠：张丽珠传》

《追求卓越：郭慕孙传》

《走向奥维耶多：谢学锦传》

《绚丽多彩的光谱人生：黄本立传》

《此生只为麦穗忙：刘大钧传》

《航空报国　杏坛追梦：范绪箕传》

《聚变情怀终不改：李正武传》

《真善合美：蒋锡夔传》

《治水殆与禹同功：文伏波传》

《用生命谱写蓝色梦想：张炳炎传》

《远古生命的守望者：李星学传》

《探究河口　巡研海岸：陈吉余传》

《胰岛素探秘者：张友尚传》

《一个人与一个系科：于同隐传》

《究脑穷源探细胞：陈宜张传》

《星剑光芒射斗牛：赵伊君传》

《蓝天事业的垦荒人：屠基达传》

《善度事理的世纪师者：袁文伯传》

《"齿"生无悔：王翰章传》

《慢病毒疫苗的开拓者：沈荣显传》

《殚思求火种　深情寄木铎：黄祖洽传》

《合成之美：戴立信传》

《誓言无声铸重器：黄旭华传》

《水运人生：刘济舟传》

《在断了 A 弦的琴上奏出多复变
　　最强音：陆启铿传》

《化作春泥：吴浩青传》

《低温王国拓荒人：洪朝生传》

《苍穹大业赤子心：梁思礼传》

《仁者医心：陈灏珠传》

《神乎其经：池志强传》

《种质资源总是情：董玉琛传》

《当油气遇见光明：翟光明传》

《微纳世界中国芯：李志坚传》

《至纯至强之光：高伯龙传》

《弄潮儿向涛头立：张乾二传》 《材料人生：涂铭旌传》

《一爆惊世建荣功：王方定传》 《寻梦衣被天下：梅自强传》

《轮轨丹心：沈志云传》   《海潮逐浪 镜水周回：童秉纲

《继承与创新：五二三任务与青蒿素研发》 口述人生》

《淡泊致远 求真务实：郑维敏传》 《采数学之美为吾美：周毓麟传》

《情系化学 返璞归真：徐晓白传》 《神经药理学王国的"夸父"：

《经纬乾坤：叶叔华传》   金国章传》

《山石磊落自成岩：王德滋传》 《情系生物膜：杨福愉传》

《但求深精新：陆熙炎传》   《敬事而信：熊远著传》

《聚焦星空：潘君骅传》

《逐梦"中国牌"心理学：周先庚传》 《恬淡人生：夏培肃传》

《情系花粉育株：胡含传》   《我的配角人生：钟世镇自述》

《情系生态：孙儒泳传》   《大气人生：王文兴传》

《此生惟愿济众生：韩济生传》 《历尽磨难的闪光人生：傅依备传》

《谦以自牧：经福谦传》   《思地虑粮六十载：朱兆良传》

《世事如棋 真心依旧：王世真传》 《心瓣探微：康振黄传》

《大地情怀：刘更另传》   《寄情水际砂石间：李庆忠传》

《一儒：石元春自传》   《美玉如斯 沉积人生：刘宝珺传》

《玻璃丝通信终成真：赵梓森传》 《铸核控核两相宜：宋家树传》

《碧海青山：董海山传》   《驯火育英才 调土绿神州：

          徐旭常传》

《追光：薛鸣球传》   《通信科教 乐在其中：李乐民传》

《愿天下无甲肝：毛江森传》 《力学笃行：钱令希传》

《以澄净的心灵与远古对话：吴新智传》 《与肿瘤相识 与衰老同行：

《景行如人：徐如人传》   童坦君传》

《没有勋章的功臣：杨承宗传》　　　　　《科学人文总相宜：杨叔子传》